文庫版口絵『日本アルプス十二題』
劔山の朝　1926年　木版、紙　©吉田博トラスト

白馬山頂より（日本アルプス十二題）１９２６年　木版、紙　©吉田博トラスト

大正拾五年作

自摺
大正拾五年作
日本アルプス十二題の内　立山別山
Hiroshi Yoshida

立山別山（日本アルプス十二題）１９２６年　木版、紙

Hiroshi Yoshida

五色原（日本アルプス十二題）１９２６年　木版、紙　

烏帽子岳の旭（日本アルプス十二題）1926年　木版、紙　©吉田博トラスト

針木雪渓（日本アルプス十二題）1926年　木版、紙　©吉田博トラスト

黒部川（日本アルプス十二題）1926年　木版、紙　©吉田博トラスト

鷲羽岳の野営（日本アルプス十二題）1926年　木版、紙　©吉田博トラスト

雷鳥とこま草（日本アルプス十二題）1926年　木版、紙　©吉田博トラスト

大天井岳より（日本アルプス十二題）1926年　木版、紙　©吉田博トラスト

槍ヶ岳（日本アルプス十二題）1926年　木版、紙　©吉田博トラスト

穂高山（日本アルプス十二題）1926年　木版、紙　©吉田博トラスト

＊文庫版口絵として、『日本アルプス十二題』と「猟師の話」の13点を新たに収めた。
　原著（1931年・実業之日本社）には『日本アルプス十二題』のうち「劒山の朝」が口絵、「槍ヶ岳」「立山別山」が単色刷口絵、「雷鳥とこま草」が単色刷本文挿画として収められている。

獵師の話　1922年　木版、紙　©吉田博トラスト

原著口絵　　雲表（日本南アルプス集）1928年　木版、紙　©吉田博トラスト

南アルプスの雲表
南アルプス鳳凰山頂よりの眺め。夕日に輝やく雲の上に浮んでいるのは富士山である。甲府の町は雲の下に隠れて見えない。

上高地の梓川畔に立って眺めたその景甚だ雄大である。

雨後の穂高山　1927年　木版、紙（原著口絵）　©吉田博トラスト

自摺
昭和二年作
雨後の穂高山

雲海　鳳凰山（日本南アルプス集）1928年　木版、紙（原著口絵）©吉田博トラスト

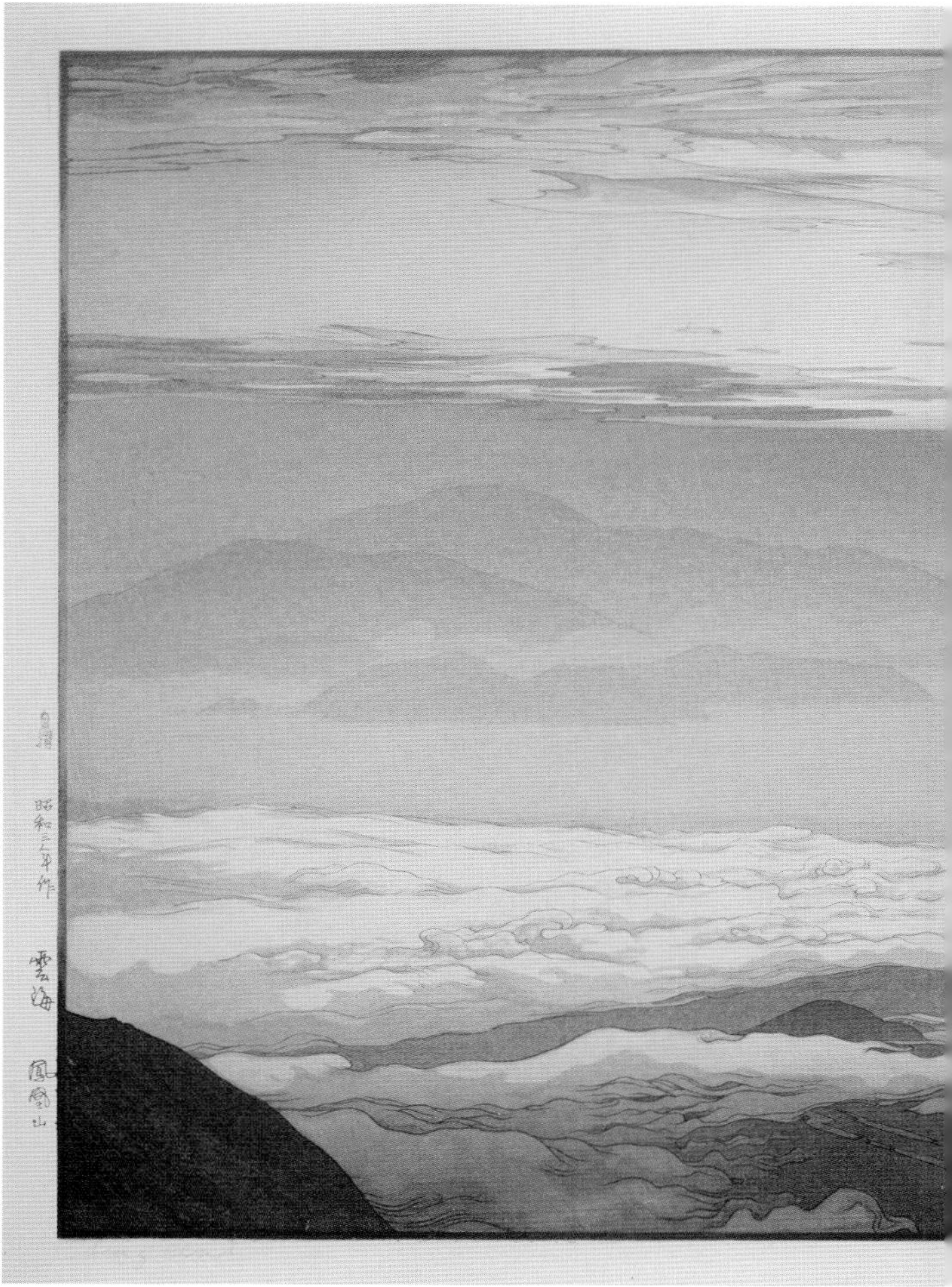

南アルプスの東方東京方面の眺めで、昇天の数分前の景である。

沼崎牧場　1928年　木版、紙　©吉田博トラスト
（原著は「八甲田裾野の牧場」として線刷を本文挿画）

黒部川の吊橋　1918年　油彩、カンバス　島根県立美術館所蔵
（原著は単色刷本文挿画）

阿蘇外輪山　油彩、カンバス　吉田家所蔵　（原著は単色刷本文挿画）

山頂劒ヶ峰（富士拾景）　1928年　木版、紙　©吉田博トラスト
（原著は「富士山頂劒ヶ峰」として単色刷本文挿画）

自摺
昭和三年作
富士拾景
山頂剱ヶ峯
Summit of Fuji

前面は八方の尾根である。
春季、この尾根まで登って写生したのがこの画である。

白馬鎗　1928年　油彩、カンバス
東京国立近代美術館所蔵
（原著は「白馬槍ヶ岳」として単色刷口絵）

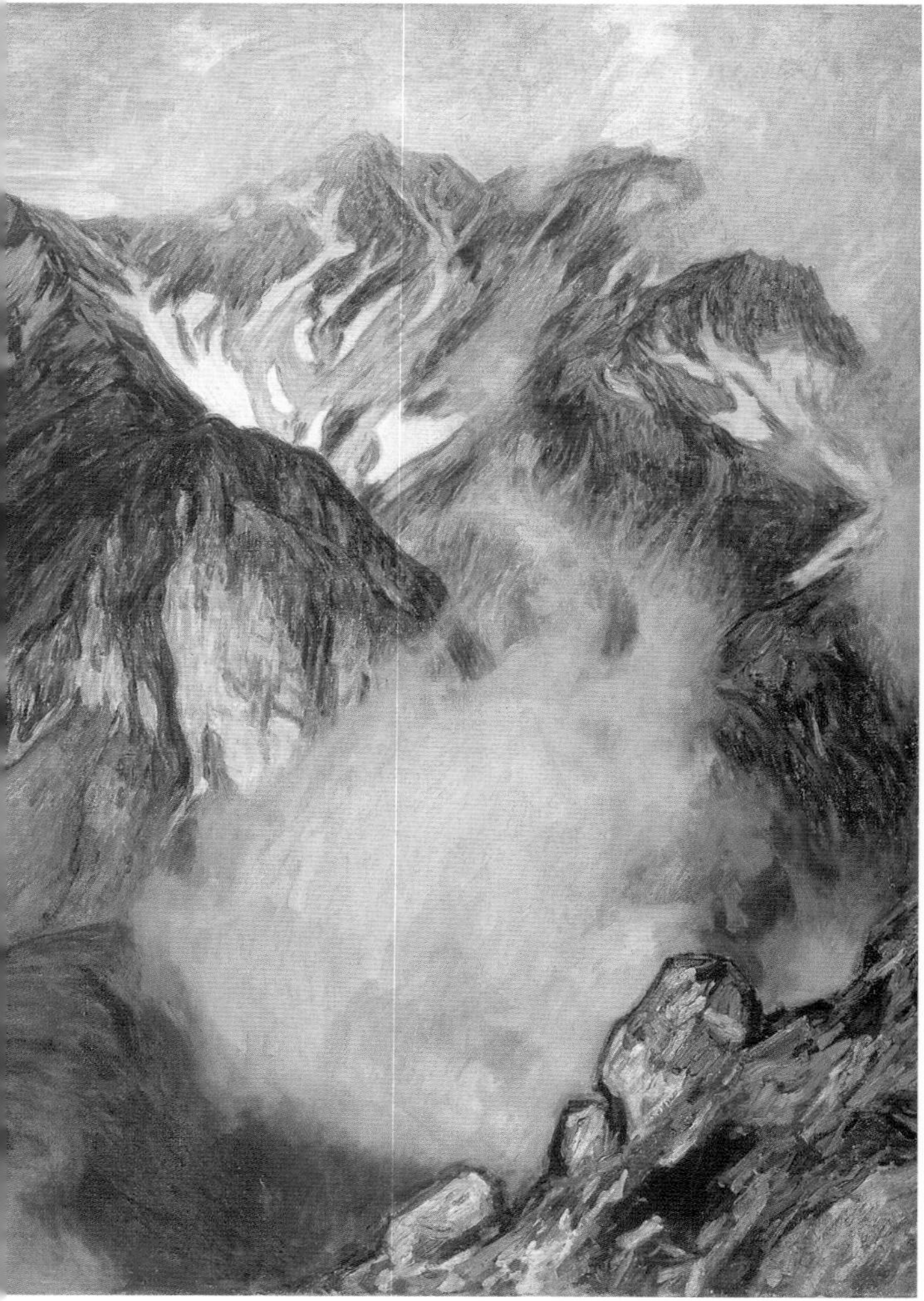

穂高山　大正期　油彩、カンバス
（原著は「常念より見たる穂高山」として単色刷口絵）

八甲田山紅葉　1929年　木版、紙　©吉田博トラスト
（原著は「八甲田山　酢ヶ湯の熱湯の池」として単色刷口絵）

駒ヶ岳岩小屋（日本南アルプス集） 1928年 木版、紙 ©吉田博トラスト
（原著は「甲斐の駒ヶ岳岩小屋」として単色刷本文挿画）

イエローストーンのグランドキャニオン（油彩　所蔵先不明、原著口絵より）

山はあまり高くない。ゆるいスカイラインが却って面白い。

エル・キャピタン（米国シリーズ） 1925年 木版、紙 ©吉田博トラスト
（原著は「ヨセミテ・ヴァレーのエル・キャピタン附近」として単色刷本文挿画）

レニヤ山（米国シリーズ）　1925年　木版、紙（原著口絵）　©吉田博トラスト

パラダイス谷の小池の畔の眺めで、
点々として赤いのは、咲き乱れた高山植物の花である。
レニヤ山は海抜一万四千尺。

ストレッサー（油彩　所蔵先不明、原著口絵より）

ストレッサー〔ストレーザ〕はマジョレ湖畔に臨んでいて
湖水には鳥が沢山浮んでいる。

ユングフラウ山（欧州シリーズ）1925年　木版、紙　©吉田博トラスト　（原著は「ユンゲフラウ」として単色刷本文挿画）

ブライトホルン山（欧州シリーズ）　1925年　木版、紙　©吉田博トラスト　（原著は次ページの油彩を口絵に所収）

ブライトホルン山（油彩　所蔵先不明、原著口絵より）

マウント・ローザ〔モンテローザ〕に近い山で、
前面に見えるのは池である。
池の前にゴルネルグラット〔ゴルナーグラート〕登山鉄道の停車場がある。

高山の美を語る

序

登山と画《え》とは、今では私の生活から切り離すことのできないものとなっている。画は私の本業であるが、その題材として、山のさまざまな風景ほど、私の心を惹きつけるものはない。

味わえば味わうほど、山の風景には深い美が潜められている。山の美をたずねて、私は日本は勿論、遠く欧州のアルプスやアメリカのロッキイや印度《いんど》のヒマラヤまでも出かけて行った。この次には是非アフリカの高山を写生に出かけたいと目論んでいる。

これまでに私は無数の山の風景を描いてきた。そしてそれらの画のうちの会心の作を選び出して、それと同時に画だけでは現わせない心持ちを文字として、一冊の本に纏《まと》めたいという念願を、いつからか抱くようになった。

世に登山案内に類する書は多い。しかしこれを美的方面から述べた書は、ありそうでいて殆《ほとん》どない。

そこで私は、画家が美的方面から観《み》た山の美について語ることの、無意気でないことを感じたのである。山は、登ればそれでよいというものではない。登って、そこに無限の美を感受するのが、登山の最後の喜びではないだろうか。

そういう意味で、画家たる私が美的方面から述べたこの一書が、山を愛する人々に何等《なんら》か寄与するところのあることを私は秘かに信じているのである。

吉田博識す

高山の美を語る　目次

日本篇

高山美の感得……8
展望美・裾野美……11
断崖美及び湖水……18
高原美・動植物……27
山巓美……31
日本アルプスの縦走……37
高山植物の花……44
誦名滝……48

上高地への道……52
愛惜のテント……57
南アルプス……61
アルプス以外……65
日光風景……70
富士雑記……74
山の先輩……86
富貴の湯夜話……91
山の天候……99
登山の携帯品……102
山の歩き方……107
山の宿泊……110
山岳道徳……120

外国篇

ロッキー

グランド・キャニオンの壮観……125
ヨセミテ・バレーの数日……134
クレタ・レイクの熊……139
カナダ寄りの風趣……142
世界の大公園イエロー・ストーン……148

アルプス

高山に配された湖水美……154
美峰ユングフラウ……159

マッターホルンの険 …… 167
ローン河を辿る …… 172
伊太利領の美観 …… 176

ヒマラヤ

印度平野に連なる大平原 …… 178
麓の町ダージリン …… 183
カンチェンジャンガの曙 …… 192

［解説］光と音の山岳画家・吉田 博　大森久雄 201
吉田博略年譜 209

協力・画像提供　吉田博トラスト

日本編

高山美の感得

私は画家だから、従って画《え》の対象として山を観る。山岳の美に魂を打たれつつ、その美を画布《カンバス》の上に再現するということは、私にとっては無上の喜びなのである。つまりは私は画を描《か》くために山へ登るのだといってもよかろう。

だが同じく登るにしても、人それぞれによって目的は違う。六根清浄《ろっこんしょうじょう》を口に称《とな》えて信仰のため登山する人もあるし、運動《スポーツ》として登山する人もあるし、或いは研究のため、或いは健康のため、或いは単に見物のため、という風に目的は色々に違う。が、いずれにせよ、高山に登って、その美に魂を打たれないものは先ずあるまい。

一度登山した人は、必ず来る年も来る年も登山を試みたくなる。登山が病みつきとなるのである。それというのもその人はただ一度の登山の経験で、全く高山美の魅力に捉われてしまうからである。

だから私に言わせてもらうとすれば、運動《スポーツ》本位の登山家が高山美の体得を二の次にして、妙な優越感や冒険欲を満足させるために登山して、往々にして不時の災難に遭遇し、はては身命までも犠牲にするような結果に陥る例は如何《いか》にも賛成し難い。

なにもそれ程までの危険を冒さずとも、高山美は充分に味わい得ようではないか。そしてこの高山美に触れること以上に、登山の快味はなかろうではないか。

私が山で知り合いになったドントという外国人は、いつも午後三時になると、必ず進行をやめて宿泊の準備に取りかかる。そしていつもいうことには、

「体が疲れてしまっては、登山の快味も何もありませんからね」

ところが運動《スポーツ》本位の登山家には、どうかすると疲労困憊しながらも、強行軍を続けたりする人達がある。山で危険に遭遇したりするのは、大抵の場合こういった運動本位の人達に多い。高山美を楽しむというよりは、運動それ自身を主な目的としているらしい。此等《これら》の人達の登山は、私にはおよそ無意味に思われるのである。

山は苦しむよりも楽しむ場所であらしめたい。苦しむのが楽しいのだといってしまえばそれまでの話だが、所詮登山の快味の正道は、下界で感得することのできな

い一種崇高な高山美の魅力に酔うことでなくて何であろう。ともすると徒《いたず》らに冒険欲や優越感だけを満足させるために登山を企てて、危難を招き勝ちな運動本位《スポーツ》の人たちに向かって、特にこのことを力説しておきたい。

展望美・裾野美

高山美と一概にいっても、必ずしも山だけが美しいわけでないことはいうまでもない。山に配された谷でも川でも森林でも高原でも、到る所で特殊の高山美の現われに接することができるのである。

同じ高山にしても、登るよりも寧《むし》ろ眺める方に一層の高山美が感じられるといったような山もある。そういう山なら何もわざわざ苦労して登る必要もないわけで、里から眺めてその山岳美を味わうだけでも結構である。

ところが前に述べた運動《スポーツ》本位の登山家になると、何でもかんでも登ってみないと承知しない。これははたして真に山を、山の美を、愛する者の精神とはいえないのではなかろうか。

日本アルプスに登るのも勿論よいが、アルプスの連峰を一望のもとに眺める壮観もまた高山美の一つでなければならない。

ある年、私は日本アルプスとは反対の方角に当る、松本市から少し行った美《うつくし》ケ原《はら》という高原へ画を描きに行っていたことがある。この美ヶ原から日本アルプスの連峰を眺めた美観などは、まさにその展望美の一つに数え挙げることができようと思う。

初夏の候には一面に躑躅《つつじ》が咲き乱れる。美ヶ原は元来が牧場になっているので、牧馬の群れがその躑躅だけを避《よ》けて草を喰んでいる。その光景などもなかなか捨て難い趣あるものだった。

麓から山を眺める美観では、上高地は全く素晴らしい。ああした山間の平地から、まっすぐ山の頂上まで見上げることのできる場所は、日本じゅうにその類例がないといってもよい。白馬《はくば》の麓にも山を眺めて絶佳なところがあるが、しかし上高地の眺めの素晴らしさには遠く及ばない。

大体私は画家で、いつも絵を描く目的を持っているので、下から山を眺めるということにも大分《だいぶ》苦心して歩いているのだが、一体に日本アルプスには下から仰ぐに適した山が少ないようである。槍ヶ岳は山また山の奥に包まれているので、里からは全く望みようもないし、立山なども平地からはほとんど見られない。剣山《つるぎさん》〔劒岳〕の雄姿にしても、それを仰ぎ得る場所といっては何処《どこ》にもない。

阿蘇外輪山（所蔵先不明、口絵参照　原著より）

乗鞍岳の東側になっている番所原《ばんどこはら》は、下から山を望むというにはやや適した場所であるが、それとても快心のものではない。こういう中にあって上高地のような、山を眺めるに素晴らしい土地の存在していることは、実に我々の大きな喜びであるといわなければならない。

日本の高山美で、外国に誇ることのできるものは、樹木がよく繁っていて、それが四季折々の美しい変化を示すことである。そして日本到る所の高山の裾野を飾るものは、この樹木の繁茂した森林美である。それも樹木の種類が極めて豊富なので、一層変化を深からしめている。

それともう一つ山岳の間を縫っている谷川

の水の澄明《ちょうめい》なことも、日本の高山美の一特色である。外国の谷川も多く見たが、日本の谷川ほど澄んだ水の流れているのを見たことはない。

裾野に樹木が繁っているので、日本には存外原が少ない。が、平原の美を持った山がない訳ではない。

例えば九州の雲仙の裾野などは一面の広野《ひろの》である。そのために山は左程《さほど》高いわけではないが、遥かに展望が開けていて、その上背景としては海まで眺め渡せるので、特色ある絶景となっている。

裾野美について記すとなれば、同じく九州の阿蘇山を逸するわけにはいかない。阿蘇の外輪山は尽《ことごと》くこれ原野である。中央の噴火山を繞《めぐ》って、直径七里にわたる人煙稀薄な茫々《ぼうぼう》たる原野の偉観は、裾野の平原美としてまさに日本随一であろう。

高さの点では阿蘇山もたいして高い山ではないが、この外輪山の平原があるために、阿蘇の雄姿は非常に雄大な印象的なものとなっている。山高きが故に尊からず、という言葉もある通りで、高山ばかりが山岳美を持っているのではない。山の美を愛する人はこうした点にも心を向けて戴きたい。

裾野の森林美で特に私の心に残っているものに、八甲田山の裾野がある。八甲田山の麓は勾配が極めて緩やかで、遥かにそれが太平洋沿岸まで降《くだ》りになっている。そしてその間に鬱然たる大森林が拡《ひろ》がっているのである。さながらそれは太古そのままの大森林を見るの観があった。

阿蘇山の噴煙（所蔵先不明、原著単色口絵より）

八甲田山裾野の牧場（口絵参照、原著より）

森林美（吉田家蔵の原画　原著は線刷り）

断崖美及び湖水

何といっても日本の高山美は規模は小さいが、しかし土地の狭い割合には山が高く急峻で、樹木はよく繁っているし、谷川の水は清麗なのだから、風景の佳絶なのも寧《むし》ろ当然なくらいである。

その上日本の山岳には、実によく巌石《がんせき》が露出している。そしてそれが天然の妙によって、うまい具合に配合され、一層日本の山岳美を変化あるものにしている。そういう意味では、日本の山の土砂の崩壊し易い性質も、風景の上からは大いに役立っている。交通上からは兎《と》も角《かく》、道崩れなどが崩れたままに放任されている場所にぶつかって、そこに自然の雅致を覚えるといったような経験は、恐らく誰でも持っているに相違ない。

同じような理由からであろうか。日本の山岳には断崖がはなはだ豊富である。日本アルプスには槍ヶ岳を中心として、諸方に断崖の標本と呼んでも差支えのないような素晴らしい断崖が聳《そび》えている。

わけても上高地から仰ぐことのできる断崖の壮観は特筆に値いするものがある。裾から頂上まで屛風《びようぶ》のように屹立《きつりつ》している断崖が、ただ一目で見えるのである。そしてその所々には、白々と残雪が積もり溜っている。これを見れば今まで高山美の何ものであるかを解しなかった人も、直ちにその魅力の捉われとなるに至るであろう。

この断崖はただに上高地の魅力であるばかりではなく、上高地に至る徳本峠の頂上の展望美の核心を成すものであるといっても過言ではない。今まで比較的単調な山坂路を長い間登ってきて、遂《つい》に峠の頂上に達した時に接する、穂高岳に懸《か》かったこの断崖の眺望は、壮快とも何とも例えようのない、むしろ感激的なものでさえあるのだ。

さらに北穂高に登ると、断崖の多い上に、足下一面石ころばかりである。しかもその石が落ち着き悪く、ちょっとした加減でも直ぐにガラガラと音をたてて、断崖を伝わって落下して行く。そしてその石がさらに他の石にぶつかり、ぶつかった石が転落して行って、また他の石にぶつかり、その石もまた転落して行くといった具合に、幾つもの石が加速度的に速力を増して、石車になって落下して行く。そういう断崖は、日本アルプスには大分多いが、北穂高の断崖はその代表的なものであるということができる。

槍ヶ岳の断崖は一大奇観とも呼ぶにもふさわしいもので、断崖一面に無数の割目が縦横に走っている。そしてそれが槍の頂上から遥かに高瀬川まで降っているのである。

赤岳、硫黄ヶ岳の断崖は共に高さの点では誇ることはできないが、その岩石の色彩の強さ、美しさでは日本アルプス第一である。赤や黄や白い岩が畳み重なって、それが谷川の底まで続いているのである。赤岳、硫黄ヶ岳という名称も、恐らくはこの断崖の岩石の色彩から起こったのではなかろうか。

白馬の断崖は、この山が比較的登山者の多いためと、断崖の一部が雪谿《せっけい》になっているのとで有名だが、断崖の最もよく見える場所は今は普通の登山者は通らないようである。ここの断崖の面《おもて》は、蛇のように細かく割れているところに特色がある。なお普通の登山者の通わぬ白馬続きの白馬槍、天狗、唐松岳から、その附近かけて、一帯に沢山の岩山や断崖が屹立している。

立山連峰に来ると、剣山の断崖が素晴らしい。これは前穂高の断崖にも匹敵すべ

池の平から見たる剣山（所蔵先不明、原著より）

きもので、中途の雪の挟《せば》り積もっている感じは一層壮観である。ここの雪は巌石の割れ目に溜っている雪では、日本でも最も深く厚い雪だと言われている。そのうちでもわけても深く雪の積もっている大窓、小窓、三の窓と呼ばれる辺りは、池の平からなども鮮やかにくっきりと眺めることができる。

剣山にはまた白馬以上に長い急な雪谿がある。二つの雪谿が並んでいて、それぞれ長次郎の雪谿、平蔵の雪谿と呼ばれている。長次郎、平蔵の二人の山男が初めてその雪谿を登ったところから、こうした名称が残っているのである。

黒部川の沿岸は到る所断崖絶壁だが、その中でも最も壮大嶮峻《けんしゅん》な二つの断崖には、上《かみ》の廊下《ろうか》、下《しも》の廊下《ろうか》という名称が与えられている。が、下の廊下の方は発電所が設けられた時にすっかり破壊されてしまったということなので、その時以来私は二度と行く気がしなくなってしまった。どんなふうに破壊されてしまったのか、惜しいことをしたものである。上の廊下の方は幸いにして今も人手を免れているが、これは下の廊下に比較して少しく小さいが、その神秘の感は下の廊下に優るとも劣らぬ美の断崖である。

黒部川こそは文字通り幽谷であって、聳《そそ》り立つ絶壁の底に流れているのは、澄明

黒部川の吊橋（口絵参照）

たとえるものもない水である。その水底には一々指摘することのできる、鮮やかな色彩を帯びた石が沈んでいる。これこそ高山谿谷美の極致である。宜《むべ》なる哉《かな》、水の綺麗な日本でも、黒部川を流れる水ほど澄み透ったものはない。しかも上流約二十里の間は、雨が降っても水の濁るということがないのだから、いっそ神秘そのものにも譬《たと》えられようではないか。

話が水のことになってきたから、序《つい》でに湖水について筆を進めてみよう。

日本の山岳は一体に勾配が急だから、山間に大きな湖水は殆どない。日本アルプスなどでは湖水の数さえ少ない。

白馬の大池は火山湖である。凄いくら

い静かで、魚類さえ棲んではいなさそうに見える。時としてあの水面の上一面に黒雲の舞いおりてくるようなことがある。そんな時には水中から竜でも昇天しはしないかというような気持ちさえしてくる。

更に神秘的情調を潜めているのは、槍ヶ岳の裏手に当る鷲羽岳《わしばたけ》の鷲羽の池である。水は濃緑色で、如何にも神秘的ではあるが一種憂鬱な風景である。

上高地の大正池は、大正四年焼岳の噴火の時に水が堰《せ》きとめられてできた湖水である。そのために湖水の中に木立の並んでいる奇観を呈していたが、いつしかその樹木も立枯れとなり、水も年々減少して行くようで、近頃では大分風致が衰えた。

そのほかに上高地には、田代池と明神池とがある。田代池は湿地のびしょびしょした所にある沼で、とりたてていう程のこともないが、水辺にすくすくと白樺が立っていたり、後ろに聳えている穂高岳が静かに水面に影を落しているといった風景が人の心を惹きつける。明神池は、後の章に説く我々の山の先輩とも称すべき山男の嘉門次《かもんじ》が晩年をその湖畔に送ったという意味で、私には忘れ難い。だから我々は明神池を嘉門次池とも呼んだりしている。青く澄んだ水に藻などの見える静かな沼である。

焼岳の噴煙（鉛筆、紙　吉田家蔵）

日本アルプス以外の湖水について記せば、有名な十和田湖は私は愛さない。湖水の感じにも厭《いや》なところがあるが、第一あそこの宿屋の不親切なのには呆《あき》れ返ったことがある。

それよりも十和田からほど近い蔦沼《つたぬま》に私は多くの好感を持っている。森林に囲まれた静寂そのもののような沼で、時折ぴょうんと魚が跳びはねたりする風情を未だに忘れ得ないでいる。

元来山の湖水には、暗い物凄いのと明るく朗《ほが》らかなのと二通りあるようだが、いずれかといえば暗く物凄い湖水の方が、山の湖水というにはふさわしいかと思う。

明るい感じの湖水といえば、八甲田山の麓の水蓮沼〔睡蓮沼〕などは面白いものの一つである。水面には無数の水蓮の花が咲いており、湖畔にはそれと色を競おうとするかのように高山植物の花がチラホラ咲いていた。お伽話にでも出てきそうな綺麗な湖水であった。

高原美・動植物

日本アルプスには湖水が少ないように、高原もまた極めて少ない。大町と立山との間の立山寄りの方にある五色ヶ原など、挙げるとなれば第一に挙げるべき高原であろうけれども、それとても原の面は余り平らだとはいえない。土地の高さは其処此処《そここ》に黒いハイマツの生えている程度の高山帯でいずれかといえば薬師ヶ岳に寄った方の部分の方が風色は面白かった。其処に残雪が今に消えずに横《よこた》わっているかと思えば、こちらには高山植物の小さい花が咲いていると云う調子で、見るからに高山の内部の高原らしいものであった。

これと同じような種類の高原には、ほかにも雲の平と太郎兵衛平とがある。

雲の平は里からも遠く隔っていて、その道順も悪い。野獣の足跡などもあって、稀には羚羊《かもしか》の姿なども見ることができる。鷹が啄《ついば》んだと覚しい兎の死骸なども転がっていて、どことなく凄愴の気が漂っていた。

太郎兵衛平は薬師平から黒部五郎に至る途中に拡がっているのだが、此処も通行の人は極めて少ない。

その癖広々とした原野なのだから、ひどく人間離れのした寂寥々《せきりょうりょう》たる地域である。雲のよくかかる場所で、その変化も多い。そういう意味では興味もあるが、高原の美と呼ぶにはあまりにも寂し過ぎる風景かも知れない。

高山植物の咲いているお花畑は、日本アルプス到る所にある。だが事実はその言葉の響《ひびき》の美しい程見事なものではない。

高山植物の方のことは私はよく知らないが、それでも黒百合やこまぐさの花は、私の目にもよくついた。

こまぐさは薬草で、昔から御岳のこまぐさといえば有名なものである。ところが当の御岳では今ではすっかりこまぐさを取り尽してしまって、その跡を絶ってしまったので、商売人は日本アルプスへ採りにくるのだそうである。そしてそれを御岳のこまぐさと称して売っている、というような話も聞いたことがある。

お花畑といえば、下界で見馴れぬ奇妙な色の花でも咲き乱れていて、その上に、これも下界では見馴れぬ種類の違った珍奇な蝶でも飛んでいそうに想像されるかも知れないが、お花畑というものがそれ程美しいものでないことは今述べた通り、蝶

雷鳥の雛とこまぐさ（口絵参照）

なども変った種類のものもいるらしいが、それすら余り高い所では殆ど見かけない。

　島類では、雷鳥を先ず第一に、鷹や燕やたけがらすなどを時折眼にすることがある。

　兎は初夏の候になると、新芽を追って登ってくるので、私も兎には度々お目にかかった。お目にかかったばかりではない。一度などは小石を拾って投げたら、私が石投げの名人というわけでも何でもないのに、うまく石が命中して、ころりと兎が斃《たお》れたことがある。そこで兎鍋をして、喰《た》べたりしたこともあったが、兎以外の野獣を目撃したことは殆どない。

　日光の奥では羚羊や猿の姿を見たこと

もあったが、日本アルプスではどういうものか兎以外の動物の姿を見かけないようである。

黒部川の上流でテント生活をしていた時には、人夫の一人が黒部川から四五十尾もいわなを釣って来たことがある。いわなを四五十尾も釣るということはたいしたことで、上高地などでは素人にはただの一匹だって釣れるものではない。

上高地のいわなはやっぱり人に釣られつけているので敏感だが、黒部のは人馴れないので何処かおっとりしているために、そんなに沢山釣れたのであろう、などと冗談をいって笑ったものである。

山巓美

さて愈々《いよいよ》高山の絶頂について書く順序となった。

絶頂まで登りつくと、最早《もはや》人は遠く人間界を離れて、神の世界へでも近づいたような感覚に心を包まれる。高山特有の霊気とでもいうべき一種清浄な雰囲気があたりに漂っている。

風が強ければ、その風を避けて、岩かげにでも日向ぼっこをしながら、眺望の美を 恣《ほしいまま》にする。眼の前は峨々《がが》たる山また山である。そしてその山の連なりの尽きたる所遥か遠く人間界の盆地が見える。

人はこの時大自然の威力に打たれずにはいられない。そして同時に高山美の最も雄大なるものを感得するのである。

高山の頂上は常に風が強い。そのために生えている樹木も大きく成長することができないで、幹も枝も歪み曲げられ、人工を加えられた盆栽の矮樹《わいじゅ》同然の姿を呈している。岩ぶすまというのは、高山の雨や風の強く当るところに生える草の一種であるが、その生え並んでいる姿などにも、一種の嶮《けわ》しい感じを帯びた鬱然たる高山の気を観取することができる。

高山では晴天に恵まれるに越したことはないが、風雨の前後の豪快壮麗な光景にもまた無限の魅力が潜められている。

見る見るあたりが朦朧《もうろう》と霞んで行って、ついに全く雲に閉ざされ、雨を交えて風が吹きつけてくる。石が飛ぶ。小屋が潰れる。こんな時ほど人間の無力なことがしみじみ感じられることはない。

山の風の強烈なことは全く想像以外で、私にはこんな思い出もある。

それは木曽の御岳に登った時のことであった。

ひどい嵐が起こったので、その嵐を避けて、私は御岳裏山の温泉宿に滞在することにした。すると福島町にいる私の友人が、私が行方不明になったといって騒ぎ出したりしたのであったが、その時の嵐のために五六本もの大木が根こそぎ将棋倒しになっていたのを見て、その風の威力に私は思わず舌を巻いて慄然としたのであった。

だが、風雨の後の高山の頂上の眺めは、他のいかなる場合にも増して壮麗極まり

木曽御岳の雪（原著は単色刷口絵）

ないものだ。視野に一片の雲なく、澄明な空気が無限に拡がっている。そこに見渡す限りの総《あら》ゆるものは鮮やかに展開されているのである。

山頂からの遠望の美は、風雨の後に優るものはない。しかしその壮麗な風雨の後の眺めも忽《たちま》ちにして曇らされてしまうのが普通である。直ぐに雲が湧き出てきて、折角の遠望の美を妨げてしまうのである。

そんなわけだから、風雨の後の遠望美は、本当に山頂に滞在した人でなければ味わい得ないものではないかと思う。

山には雲もないのに、下界では雨が降っているようなこともある。そんな時

には、その雨雲を眺めながら、

「あの雨はこの山まで来るだろうか？　来ないだろうか？」

というようなことを話し合ったりもする。

これと反対に、下界は晴れているのに、山頂は一面に霧に蔽《おお》われているような場合もある。しかしそういう時の霧は自《おの》ずとぼうッと明るんでいるので、この霧なら天気が悪くなるような心配はないな、というような気持ちも直ぐに起こってくるものである。

霧の中から雷鳥の啼声《なきごえ》が伝わってくるようなこともある。

風が出てくると、直ぐ霧は流れ始める。そして一間さきがはっきり見えてきたと思っているうちに、すぐまた二間さきがはっきり見え、と思ううちに三間さきがはっきり見えてくるといった調子で、忽ちのうちに周囲がカラリと晴れて、文字通り霧散してしまうのである。

雲の海もまた高山の特色美の一つでなければならない。眼の下を遥かに一面に渺茫《びょうぼう》として雲が覆い閉ざし、その雲の間からヒョコリ、ヒョコリと島のように、高山の絶頂だけが頭を擡《もた》げている奇観は、見た人でなければ到底想像のしようもない奇異な感じを伴った、しかも壮大限りない眺めである。

夜明け、空が白んでから日の出までは、意外なほど長い時間がかかるような気がする。そしてやがて紅色《こうしょく》の太陽が東の山の頂から現われる。紅色は次第にオレンジ色の太陽に変色していく。

下界はまだ眠っている。

その時、微かに村里の鶏鳴《けいめい》の声が、この一万尺の高峯の絶巓《ぜってん》へ響き伝わってくる。おお、一万尺の高峯の絶巓へである！

これほど奇異にしてまた懐しい響はない。

風の向きと周囲の絶対の静謐《せいひつ》とのために聞こえてくるのだというが、私は幾度か夜明の高山の絶頂で、この懐しくも奇異に感じられる鶏鳴の声を耳にしたものである。

月明《げつめい》は下界にあっては美しいが、高山では時に鬼気の迫るほど物凄い。空気が澄んでいるから月は冴える。だが冴えれば冴えるほど凄くなる。月が冴えれば空は明るいが、山は奇怪な線を描いて黒々と眠っている。黒い巨大な野獣の眠っているように。

その黒ずんだ山の色が、月の明るみと無気味な対照をなして、人の心を威嚇する。そして夜の山の奇怪な線は、ともすると何やら恐ろしげな幻想を胎《はら》んでいるように見える。月明の高山は恐ろしい。これをもし美だというならば、これはもはや怪奇美の分野に送り入れるべきである。

星は——高山の星は美しい。濁った都会の夜の空に見る星とはまるで別物のようである。だが、美しいとはいっても、その光は月明りほどは明るくはない。だから奇怪な山の線や、黒々としたものの影を、月夜の夜のように際立たせることはない。

とはいえ、山は夜を観賞するところではないらしい。いかに山を愛する人も、山の夜は安らかに眠るべきではなかろうか。原始人が夜と共に眠ったように、原始そのままの高山の夜は——。

日本アルプス縦走

　これまでに私は日本アルプスの縦走は幾度となく試みたが、その中でも最も長い行程期間を要したのは、早月川から剣山を越えて三田平に降り、さらに立山、薬師岳を経て、太郎兵衛平、雲の平から高瀬川に出た時であった。その時は全部で三十日あまりを費した。

　早月川を発足してから、最初のテントをその川岸に張った。出発の時は梅雨明けで、漸《ようや》く天気も定まりそうなのを見て出てきたのであったが、翌《あく》る朝になるといけない。雨になってしまった。

　そこでその日は早月川の岸に滞在することにしてしまった。

　雨降りの滞在というものは、登山家にはよほど苦痛なもので、人夫などでも里を恋しがって淋しがりはじめる。滞在となれば何の仕事もせずに賃金は貰えるし、それに年じゅう山の中を歩いているのだから、それほど里を恋しがらずともよさそうなものだが、そこが人情というものかもしれない。

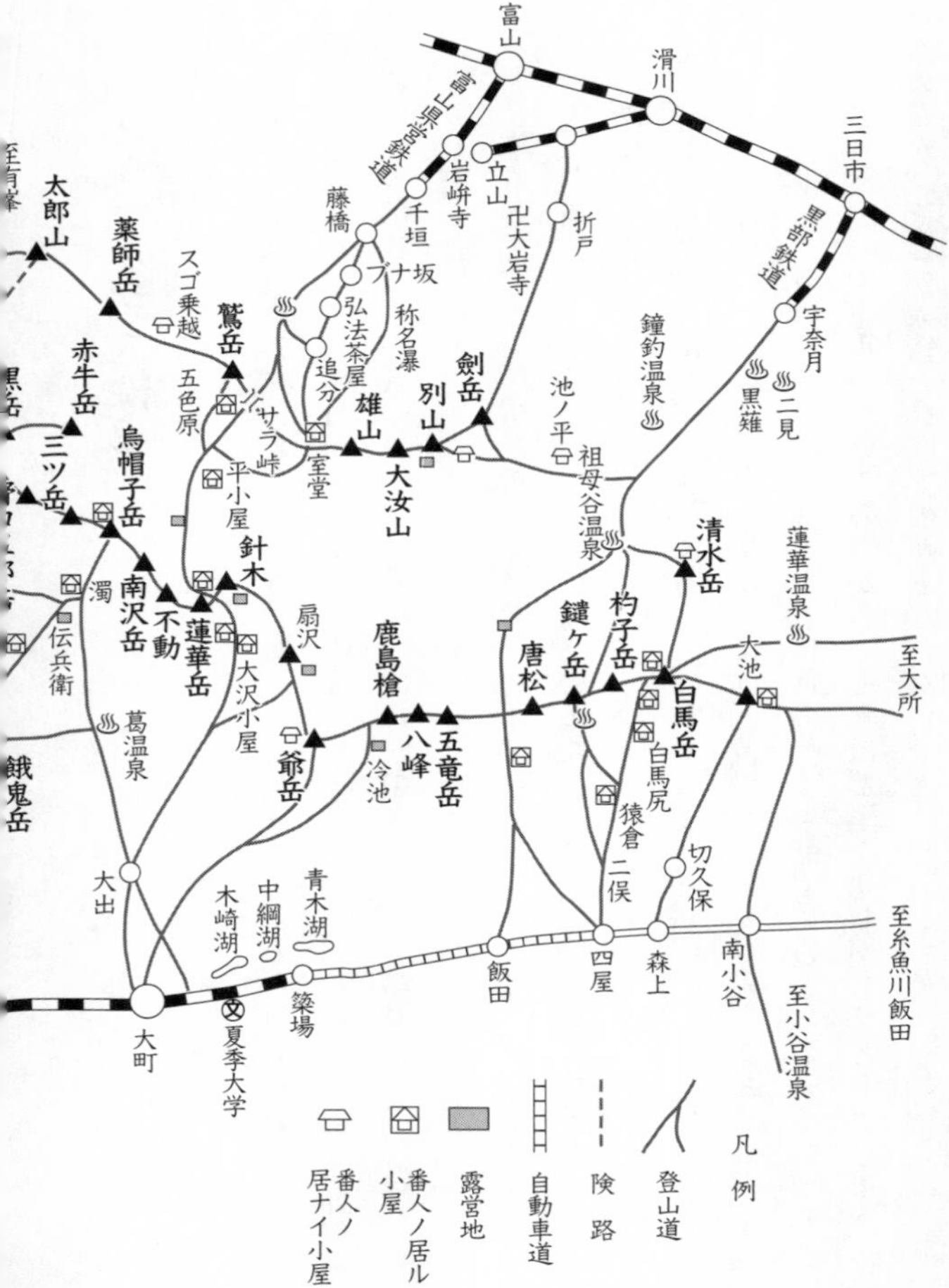

原著の手書き地図から作成

北アルプス登山路概念図

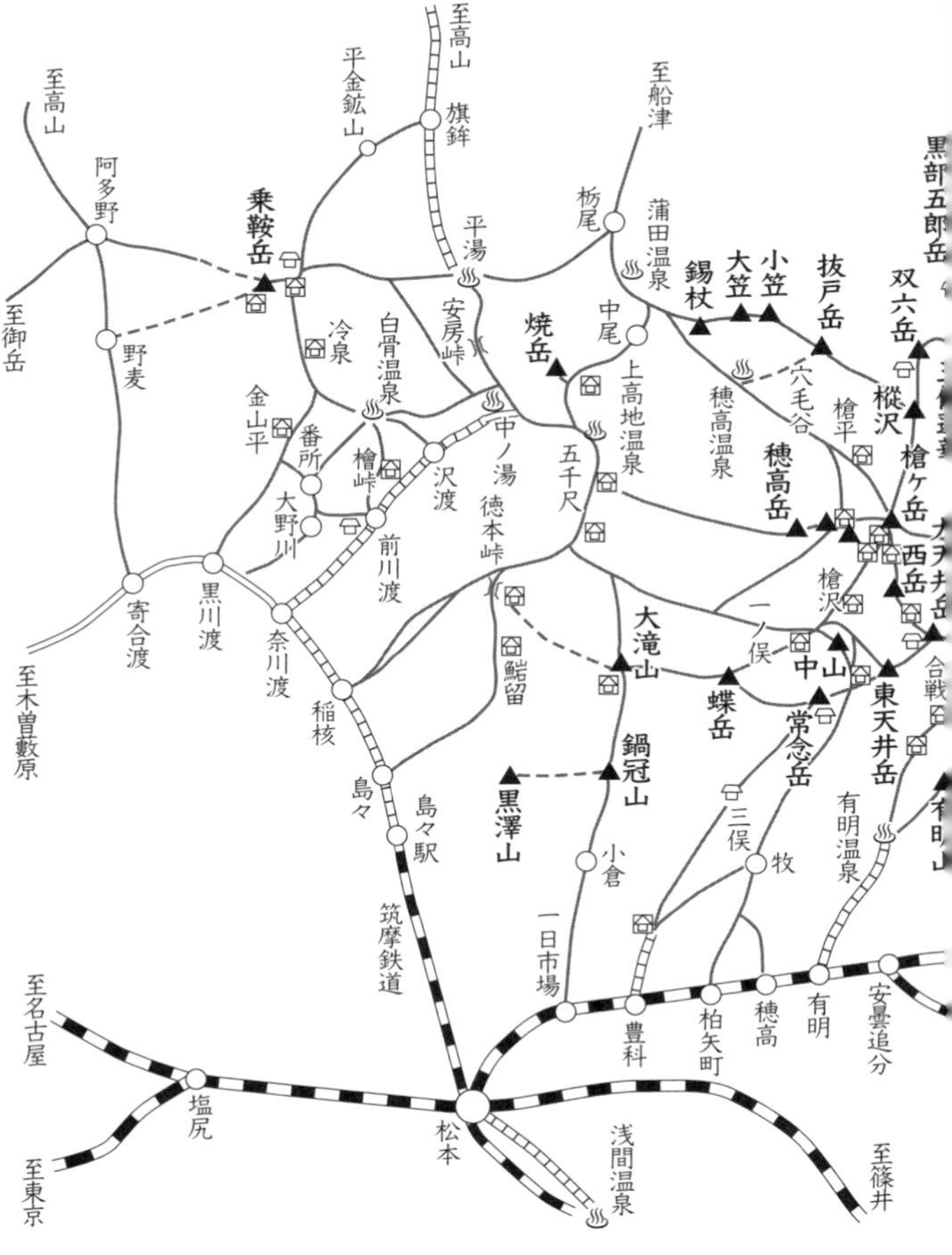

だから滞在となると、私の方で人夫の御機嫌をとるようなことになる。取っておきの御馳走を取り出して、人夫の退屈を紛らせてやったりする。

さて川岸にテントを張って三日目にはどうやら雨が上がった。雨は上がったが、川の水が増えてしまったために渡ることができない。

ところが仕合せなことに、偶然にも何かの工事にでも使ったらしい針金が道に落ちていた。そこでその針金を利用して川を越すことになった。

先ず最初に人夫の中でも最も経験の積んだ屈強の男が、針金の一端を持って激流を渡って行く。激流に押されながら、斜め下流の向こう岸へと渡るのである。無事に対岸へ着くことができればもう占めたものだ。

針金が川の上へ渡されたのだから、それを利用して人でも荷物でも渡すことができる。それには両岸に一つずつ棒を三本組みたてたものを作って、それに針金の両端をとめて、その針金伝いに運ぶのである。

この針金の渡しは、また後に来る人に役立つようにと、そのままの形で残しておいて、我々の一行はさらに前進した。

大窓の雪の積もった個所へ差しかかる少し手前で、我々は恰好《かっこう》の岩穴を発見した。

そこでその夜は、その岩穴に泊ることにした。我々の一行は全部で五人だったが、それでも全部がゆっくり寝られる程の広さの岩穴であった。夜は岩穴の口だけふさいで眠るのである。

一体が岩穴の宿泊は、テントの中よりも気持ちがいい。風当りも強くなし、火を焚《た》くにも便利なものである。

その岩穴を出て、立山の前面まで来ると、またしても小雨が降り始めてきた。仕方がないので再び今来た岩穴へとって返して、雨を避けることになった。雨の上がるまで我々は二晩ほどその岩穴の中に滞在した。

雨が晴れると再び発足だ。今度は雪渓づたいに剣川へ下った。そこから三田平へ出てテントを張った。そこへ来るまでに、出発の最初の日から実に二週間も費やした。あくる朝は三田平から尾根伝いに出かける予定だったが、いざとなってからひどい風になって来た。吹き飛ばされそうな猛烈な風である。

そうかといっていつまでも三田平に滞在しているというわけにもいかないので、止むを得ず、我々は荷物を入れたままテントをつぶして、その周囲へ重石を並べた。そして一同荷物なしの軽装になって最初の予定を変更し、谷に添った道を選んで、風を衝《つ》いて出発した。荷物は潰したテントで覆うたまま置き去りにして行ったのである。

幸いにして途中何のこともなく、無事に立山の室堂へ到着することができた。ところが立山の室堂へ着いてから、また雨になった。その雨の中を通って来た登山者が幾人も室堂にやって来ては、まだ雨も晴れないのに室堂を出発して行く姿も見た。

雨が降っていては、高山美を味わうも何もないのだから、そういう人たちは高山美よりも、ただ山を歩きさえすればよいという積りだったのであろう。だがそうした中に八ッ峰へ向かうのだといって、我々よりももっと前から、天気の定まるのを待って滞在している人も一人いた。

時間と金の余裕のない人は致し方がないが、なろうことなら登山者は、雨天の時は、この八ッ峰へ登る人のように、じッと辛棒《しんぼう》して晴天を待つ態度を持ちたいものである。

雨中では、せっかくの高山美も台無しである。雨中の強行軍などは、高山美を本位とする私から言わせれば、最も排斥すべきものの一つである。

やっと雨も上がったので、我々は再び例の三田平へ出かけて行った。テントは荷物を蔽うて潰したままになっていた。そこで雨に打たれたテントを干し乾かし、更に一晩三田平でそのテントの中に明かして、翌《あく》る朝は薬師岳を目指して出発して行った。それから後はいい具合に晴天に恵まれて、予定通りの旅を続けることができた。

このほかに私の縦走した日本アルプスの行程のいくつかを記してみよう。——

島々から上高地を経て槍ヶ岳へ。
中房から槍、穂高を経て上高地へ。
牧から常念、槍を経て上高地へ。
大町から烏帽子、槍を経て上高地へ。
針の木峠から、平の小屋、五色ヶ原を経て立山へ。
四谷から、白馬大池、白馬槍、唐松岳、八方岳を経て、再び四谷へ。
四谷から白馬、鹿島槍、針の木を経て大町へ。
鐘釣から婆々谷《ばばだに》、清水岳《しょうずだけ》、白馬を経て四谷へ。
鐘釣から小黒部、剣山を経て立山へ。

高山植物の花

高山植物については、先にも少し述べたが、今また一つの記憶の浮かび来るままに記してみる。

日本アルプス中の燕岳で、私はかつて見たことのないような大きなこまぐさの花を見た。その後に至ってもあのような大きなこまぐさの花は、何処へ行っても見た事がない。

事の序《つい》でに燕岳について説明すると、この山は元来が花崗岩で出来上がっている山で、日本アルプス中でもとりわけ画家の喜ぶ形状を備えている。

この山の断崖は、規模は小さいが、その形が刃物《はもの》で断ち割ったような感じでなく、自づと風雨に曝されて磨滅したという風の見えるところが、なかなか特色あるものとなっている。その花崗岩の断崖の蔭に、真っ白い砂の斜面が拡がっている。その斜面で、今いった私の見たうちで最も大きいこまぐさの花を見出したのである。

鮮やかなピンクの薄色の花が簇生《ぞくせい》し、白い砂地に浮き出すように咲いていたのである。
高山植物などは珍らしいだけのもので、大して美しいものではないと考えていた私も、その時ばかりはその花の見事さに一方ならず心を惹かれたのであった。で、今も私は、美しさに於いてこまぐさの花こそ高山植物の代表である、と確信しているのである。

高山植物のうちでこまぐさを除けば、私はつがざくらが好きである。

これは普通高さ五寸ほどの灌木《かんぼく》であるが、非常に綺麗な花が咲く。至る所の高山で見受けることのできる花だから、珍らし物好きの人達は余り感興を起さないかも知れないが、さして珍らしくない高山植物だけに、それが如何にも高山には附き物といった感じで私には懐しい。

つがざくらはロッキーでも見ることが出来た。色が多少違っているかと思われる点と形が幾らか大きい点だけが日本のつがざくらと異なるだけのものであった。だからその時私は、ああ、ここにも日本の山のと同じつがざくらが咲いているか、といったような感慨めいたものを心に覚えたものであった。

色は赤いのと青白いのとの二種類ある。私は青白い色の方が好きで、その色から私は高山の一種清楚な気持ちを掬《く》み得られると思っている。

後に記す欧州のアルプスに咲く高山植物エーデルワイズの花を、木曽の御岳で発見したといっていた人がある。そしてその人はそれによって高山植物に於いても、日本アルプスが欧州のアルプスに酷似していることを力説していた。

が、それほどまでに強いて日本アルプスが欧州のアルプスに類似していることを強調するにもあたるまいと私などには考えられる。ことさらにエーデルワイズの花を見つけ出さずとも、こまぐさの花とつがざくらとがあるだけで、それだけで結構なのではなかろうかと思っている。

つがざくらといわかがみ（鉛筆、紙　吉田家蔵）

誦名滝

立山から里の方へ降りる途中から少し外れた、大日岳の下の方に、誦名滝《しようみようたき》〔称名滝〕というのがある。この滝は尾根からでは大分遠いので、見るためにはわざわざこの滝だけを目的にして行かねばならない。

私は序《つい》でだから、この滝を見て、里へ降ったことがある。

道は二十年前に硫黄採りが通ったという道跡を辿って行くのだが、なにしろそんな滝をわざわざ見に行く人は少ないと見えて、非常な難路である。所々山崩れがしていて、行く手を遮ったりしている。

そこで、人夫の一人が、これはいっそ真直ぐ滝壺へ向かって降るよりは、一旦大日岳へ登って、それから滝壺へ降った方が楽だといい出した。

成程それも理窟だと思ったので、一旦大日岳へ登って、それから降ることにした。

一体に高山の谷川伝いというものは、途中に巌石や土砂が崩れたりしていて、道の妨害になっているために進み悪《にく》いものである。だから昔の僧侶などが高山へ登った際にも、多くは谷川伝いではなしに、尾根伝いに行っているようである。

誦名滝へ行くのに、直ぐに滝壺へ降ろうとするよりは、一旦大日岳へ登った方が楽だというのも、つまりこれと同じような理窟からであった。

さて大日岳から降りになると間もなく、我々の一行は這松《はいまつ》の森へ差しかかってしまった。

山の難敵の一つは、この這松の森と、それから石楠花《しやくなげ》の森である。いずれも高山帯の植木《しよくもく》だから背は低いが、無数の枝が互いに曲りくねって、一面に地を蔽うているのである。

人は、その枝の上を踏んで行くのだから、一歩は一歩と気を配って、踏み込む足は枝のしっかりした場所へ下すようにするし、挙げる足は、入り組んだ枝の間から引抜くような恰好にしなければならない。だから進行に時間のかかることといったらない。

我々はその這松の森へ踏み込んでしまったのである。が、今更どうしようもない。こうなったら這松の森を通過するよりほかはないと決心して、今述べたような苦心をしながら次第に降って行った。

這松の森の突破に、ひどく時間を取られてしまったので、遂にとっぷりと日が暮れてしまった。

まさか夜になろうとは予期しなかったので、我々には全然夜の灯《あか》りの用意がなかった。困ったことになったと思ったが、いい具合にその夜は月夜であった。五日ばかりの細い月である。それでも我々には非常に助けとなった。

這松の森を抜けた我々は、更に熊笹の藪へかかっていた。だが、熊笹の藪ならば、押し分けて進みさえすればよいのだから、たいして困難はない。

月明かりを頼りに、熊笹の藪を押進んでいるうちに、灯火代わりのその五日月も沈んでしまった。四辺《あたり》は全くの闇となった。

そこでその夜は熊笹の藪に野宿と決まった。

そうなると遽《にわか》に我々は空腹を感じ出した。

昼の弁当の用意はして出たのだが、そんなものはもうとうになくなっている。野宿をしようなどとは思わなかったから、食糧の用意は全くない。

といってどうしようもない。人夫のなかに昼の弁当の残りの沢庵を持っている者があったので、その沢庵をわけて貰って、僅《わず》かでも空腹を紛らせたりした。

一方四辺《あたり》の熊笹を切払って、どんどん焚き火をしながら、兎も角も一夜を明かした。

朝になって、そこから一里ほど降って、やっと我々は目的の誦名滝の滝壺へ出ることができた。

それから程近いところに杣《そま》の小屋があるというので、人夫の一人をやって米を分けてもらって来させることにした。そして昼も近い頃になって、漸《よう》やくのことで我々は飯にありつくことができた。

上高地への道

登山には私はかなり大事を取る方であるが、道に行き暮れたのは誦名滝を見に行った時だけではない。こんなこともあった。

縦走も終りに近づいて、上高地へ近づいた時のことである。恰度前穂高の頂上へ差しかかると、上高地の清水屋の息子が来てテントを張っている。

私の姿を見ると、

「やア今お帰りですか？」

と声を掛けた。

「ここまで来れば、後はもう直ぐですから、どうです？　少し休んでお茶でも飲んで行きませんか？」

事実ここまで来れば、上高地へは大丈夫日のある中《うち》に帰れると思ったので、清水屋の息子のすすめるままに、そのテントで一休みして、お茶を御馳走になって行く事にした。

お茶が出ると、私は秘蔵のウイスキーを取り出した。常日頃山では私は何の物惜しみもせず、自分の喰《た》べる同じ食物を人夫達と分け合って喰べることにしていた。が、このウイスキーだけは別であった。これはいつも私だけが独占している大事のウイスキーであった。

が、旅はもう終りである。上高地まで行けばウイスキーも自由に手に入ると思ったので、そのウイスキーを人夫達にもすすめた。

ところが、私はお茶の中へ混ぜて呑んだだけであったが、私が愛していつも連れて歩いている小林喜作という山男は、ウイスキーの中へお茶を混ぜて呑むといったやり方で、ウイスキーの方を主にして大分呑んだ。

喜作は酒好きな男であったが、そのために些《いさ》さか酩酊した。それがいけなかった。

清水屋の息子のテントを辞して暫《しば》らく行くと、いつのまにか霧が籠《こ》めて来た。霧が籠めて来たところで、いつもの喜作ならば間違える筈はなかったのだが、酒精《アルコール》のためにどうやら勘が鈍ったらしい。

「道が違いやしないか?」

と私がいうと、

「確かに違う」

と喜作が答えるのである。

まもなく霧が晴れてみると、成程違う。

「でも、此処まで来てしまっては、もとの道へ引返《ひっかえ》すのはとても大変だから、いっその事この断崖を降りて行きましょう。そうすれば結局もとの道の下の方へ出られますから」

日本アルプスの地理といえば、どんな道のない場所のことでも心得ている喜作の言葉である。私は喜作を信頼しているから、

「よし、それなら、ここから降りよう」

ということになった。

するといつもかなかんじきを使ったことのない喜作が、かなかんじきを穿《は》いて足拵《ごしら》えをした。

それから私を前に立てて、雪の張りついている断崖を伝って降り始めた。

断崖をおりる時には、いつも歩き方の下手なものが先に立つのである。登る時に

は、反対に下手なものが後から行く。というのは下手な者はどうしても断崖の石を落す。おりる時に下手な者が後から行って石を落すと、先に立った者がその石にぶつかって、飛んでもない怪我をするようなことがあるからである。

私は余り断崖降《お》りが巧《うま》い方ではないから、私の足もとからは頻《しき》りに石が滑り落ちて行く。私の軀《からだ》まで一緒にずり落ちて行きそうになる。するとその度に、後ろに従っている喜作が手を伸べて、私の襟もとを押えて支えてくれる。

そんな具合にして、どうやら断崖を降《くだ》ると、今度は断崖に積った雪の上になった。非常に足もとが危険なので、今度は軀に綱をつけて、その一端を喜作に支えて貰いながら、雪の崖を降って行った。やっとのことで降《お》りきると河原に出た。それから川を越えて対岸へ渡った。

ところが去年までの道が、その年になって変っていた。それを知らないから、以前の道の方を辿って行くと、前に述べた大敵石楠花の森へ出てしまった。

こいつはいかんというので、また更に道を探し始めた。

もうとうに日は落ちて、遥かの彼方には合羽橋《かっぱばし》〔河童橋〕の灯がチラチラ眼瞬《またた》いているのも見える。

その時、不意に、「出たッ！」

と喜作が叫んだ。

何が出たのか、何を意味する喜作の叫びなのか、ちょっとの間、私には呑込めなかった。が、それは道へ出た、という意味なのであった。

そんな所から道へ出られようなどとは、とても私達素人には分らない場所であった。たとえそこに道はあっても、それが道だということを、私達なら気づかずにしまうところを流石《さすが》は小林喜作だと思って、内心大いに感服した。

どうにか道へ出ることは出来たが、それでも上高地へ着いた時には、なんと、夜の十二時になってしまっていた。

そんなに遅くまで時間がかかってしまったのは、ウイスキーで喜作の勘が幾らか鈍ったせいもあるかも知れないが、それでももう三十分早く頂上を発足してくれば、優に日の暮れ方までには達することのできる道程だったのである。山では常に時間に余裕を作って置かなければいけないということを、その時私は初めてのように沁《しみ》沁《じみ》と感じたものであった。

愛惜のテント

山の風の想像以外に強烈なことは既に述べた通りであるが、それに関しては自分として非常に残念な思い出がある。残念だというのは、私の長年愛用していたテントを、風のために滅茶《めちゃ》々々にされてしまったことである。

それはつい昨年のことで、白馬続きの天狗の小屋の近くへ、帝展へ出品すべき画《え》を描きに行っていた時であった。

なにしろ帝展の画を描くのが目的だったので、滞在日数も長く、三十日をそのための予定日数にした。そんなわけで、テントの組み立てもなるべく居心地のいい、理想的なものにしたいと考えた。

そこで、元来がその辺は西風が多く吹く場所だったのと、もう一つは朝日を描く希望を持っていたのとで、山の側面へ東向きに穴を掘った。そして其処へ、同じく入り口を東向きにして、山穴《やまあな》へ嵌《は》め込むような具合にテントを張った。

出来上がってみると、我ながら至極満足なテントになった。ことわるまでもなく、そのテントが私の長年愛用のものであった。

毎朝眼が醒めると、直ちに入口の東方の彼方に、朝日を仰ぎ見ることができるのであった。朝日を描くには絶好の位置であった。その上背後の西の方角には、直ちに山を背負っているので、その辺をよく吹く西風を完全に避けることができた。

食糧はそのテントからたいして遠くもない白馬寄りに温泉があったので、其処から取って来させることにした。

テントはできるだけ理想的なものをと考えたので、入口と奥へとは木を嵌めこんだ。普通の場合なら棟木は綱で間に合わせるところを、そこへも木を渡した。風が吹けば、棟木だからテントの布地《きれじ》と擦れ合うのは分かり切っている。だからなるべく木の滑らかな部分がテントの布地に触れるようにする積りだったが、出来上がってみると、幾分木のがさついた部分がテントの布地に触れるような結果になってしまった。

私としては多少それが気になったが、

「まアこのくらいならたいしたことはないでしょう」

と人夫が言うものだから、つい私もその気になって、別に直させるでもなくそのままにしてしまった。

ところがある日、その辺では珍らしい東風が猛烈な勢《いきおい》で吹き起こってきた。なにしろ東向きのテント小屋だから、東風では真正面からビュウビュウ吹き捲《ま》くられるわけである。

と思っている中に、わけても猛烈に吹き寄せてきた強風のために、テントの棟に当るところがピリリと引裂かれた。例の私が気にした、棟木のがさついた部分に触れる個所である。

さア弱った、と思ったが今更どうする術もない。そうこうしているうちに、風の勢は益々猛烈を極めてくる。そして強風の吹き寄せる度《たび》ごとに、テントの裂目が大きくなってくる。

これは危険だ、今の中に温泉まで引上げてしまう方が安心だ、とそう考えたので、直ぐに私はテントはそのままに残して置いて、温泉へ引き上げるように人夫たちにも命じた。

風は吹き募る一方であった。その中を我々は温泉までの急峻な道を辿った。

引上げるのがもう少し遅れて、夜にでもなったら、それこそ我々はひどい目に遇《あ》うところだった。

翌《あく》る日になってテントの場所へ戻ってみれば、テントは無残にも完膚なきまでにズタズタに引裂かれ、引きちぎられていた。長年愛していたテントだけに、今思い返してみても愛惜の感が深い。少しくセンチメンタルなようではあるが、記念のために今でもそのテントの布地の一部分を、手許に保存しているようなわけである。

南アルプス

高さの点では、南アルプスの方が北アルプスに優っている。日本内地で富士山の次に高い北岳をはじめとして、千丈ヶ岳〔仙丈ヶ岳〕、駒ヶ岳、赤石岳といったような高峯が肩を並べている。

ところがこれがいずれも南向きなので、従って雪が少ない。そういう関係から森林が多く、樹木も北アルプスの高山のように矮小でない。そのためにどうも南アルプスには高山の気分が少ない。高山美からいうと、南アルプスは森林美が主たるべきものではなかろうかと思われる。

それに南アルプスの連山は、山と山との間の窪みが余りに低いので、折角一つの高山に登ったと思っても、また登ったと同じ程も低く降りて行って、そして次の連峰へ渡らなければならないような結果になる。だから南アルプスの縦走は、北アルプスのそれに比較して、遥かに困難が多い。

のみならず、登山者が少ないときているので、道が極めて悪い。

南アルプスへは玄人《くろうと》が登るのだ、というようなことをいう人もあるが、謂《い》わばそれは北アルプスじゅうを歩き尽くした人が、今度は何処かほかの山へ登ってみたいというような考えから、南アルプスを選ぶような結果になるためであろう。

南アルプスでは私は駒ヶ岳も嫌いではないが、それにも増して好きなのは鳳凰山《ほうおうざん》である。

元来私は一方に里を控えていて、展望がよく利いて、気象の変化が多い、といったような山を愛するが、鳳凰山は実によくこの条件に適っているのである。

鳳凰山の頂上は巌石から成り立っている。私は頂上の花崗岩の崩れた岩穴に泊っていたことがある。

この山の絶頂の展望美には北アルプスの高峰などで味わうことのできない面白味がある。未だに鮮やかに心に残っているのは、雨の晴れ際の展望であった。見遥かす甲府盆地の上一面に、水平に雲が埋めていて、その彼方に富士の五合目あたりから上がニョッキリと浮かび出ている。すぐ此方《こっち》には鋸状にギザギザと尖った八ヶ岳の山巓が現われている。どうかすると東京の方角に当って、秩父の山々な

甲斐の駒ヶ岳岩小屋（口絵参照）

ども雲の上に浮かんでいるのが見えるようなこともあった。
もう一つ心に残っているのは夕日の時の展望である。
甲府盆地には雲はないが、八ヶ岳からむくむくと夏の夕暮らしい入道雲から盛上がっている。秩父の高峰にも同じような雲が浮んでいる。眼に入るすべての高い山には、いずれもむくむくと雲が湧上がっている。そして一番大きい雲の団塊が富士山を囲繞《いにょう》している。
それら等総《すべ》ての高山の雲に、紅葉色の夕日が思い切り強い光で反映しているのである。その鮮麗極まりない眺めには、我にもなく最上級の感嘆詞を吐き出した程であった。
雲の破れ目から富士川の流れているのなどが見えるのも、興ある眺望であった。

南アルプスの森林美の誇るに足るものであることはさきに説いた。森林が美しいから、従ってそれに配されている谷川も、到る所絶景を形造っている。

困ったのは水である。そうでなくとも私は山へ宿泊する時には高い所の方が好きなので、いつも水には不自由し勝ちだが、南アルプスとなると、谷川は別として、北アルプス以上に水が少ない。

岩の窪みや割目に天水《てんすい》が溜っているのでも発見すれば、これ幸いにそれを使用するが、そうした水も発見することができなかったり、欠乏してしまったりすれば、仕方がないから人夫をやって、一日がかりで雪解けの水でも取ってこさせる。

そういう苦心の水だから、やたらなことには濫費しない。

朝の洗面などには水は使用しない。露に濡れた草むらの中へ両手を突込んで、それで顔をぬぐって済ませるといったようなやり方である。

アルプス以外

日本アルプス以外で私の深く愛するのは鳥海山である。形は富士山に似て、平地に聳《そそ》り立っている。

高さはたいしてないけれど、北向きなために、樹木の生えていない区域がかなり長く続いている。低い割に如何にも高山らしい気持ちのする山で、尾根の変化も面白いし、展望美も豊富である。ここにある沼も一種趣のある静寂な沼であった。

それから、これは純粋な山ではないが、私は瀬戸内海の島々が好きである。

瀬戸内海からいえば、島とはつまり山だということになるが、これらの諸々がいずれも素晴しい特異な展望美を備えている。

島ならどの島でもよい。それもたいして高く登らずとも、すぐに目の前に展望美が拡げられる。静かな美しい海。他の島々。微かな陸地の影。日本には珍らしい明朗な胸の透き通ってくるような展望美である。

瀬戸内海でも小豆島がいいとか、屋島がいいとか言うような人もあるが、特にそういう島を取り立てていわずとも、瀬戸内海の島でさえあれば、どの島にも素晴らしい展望美があると私は思う。

赤城、榛名は初心の登山者には最も手頃な山の一つであろう。気持ちのいい湖水

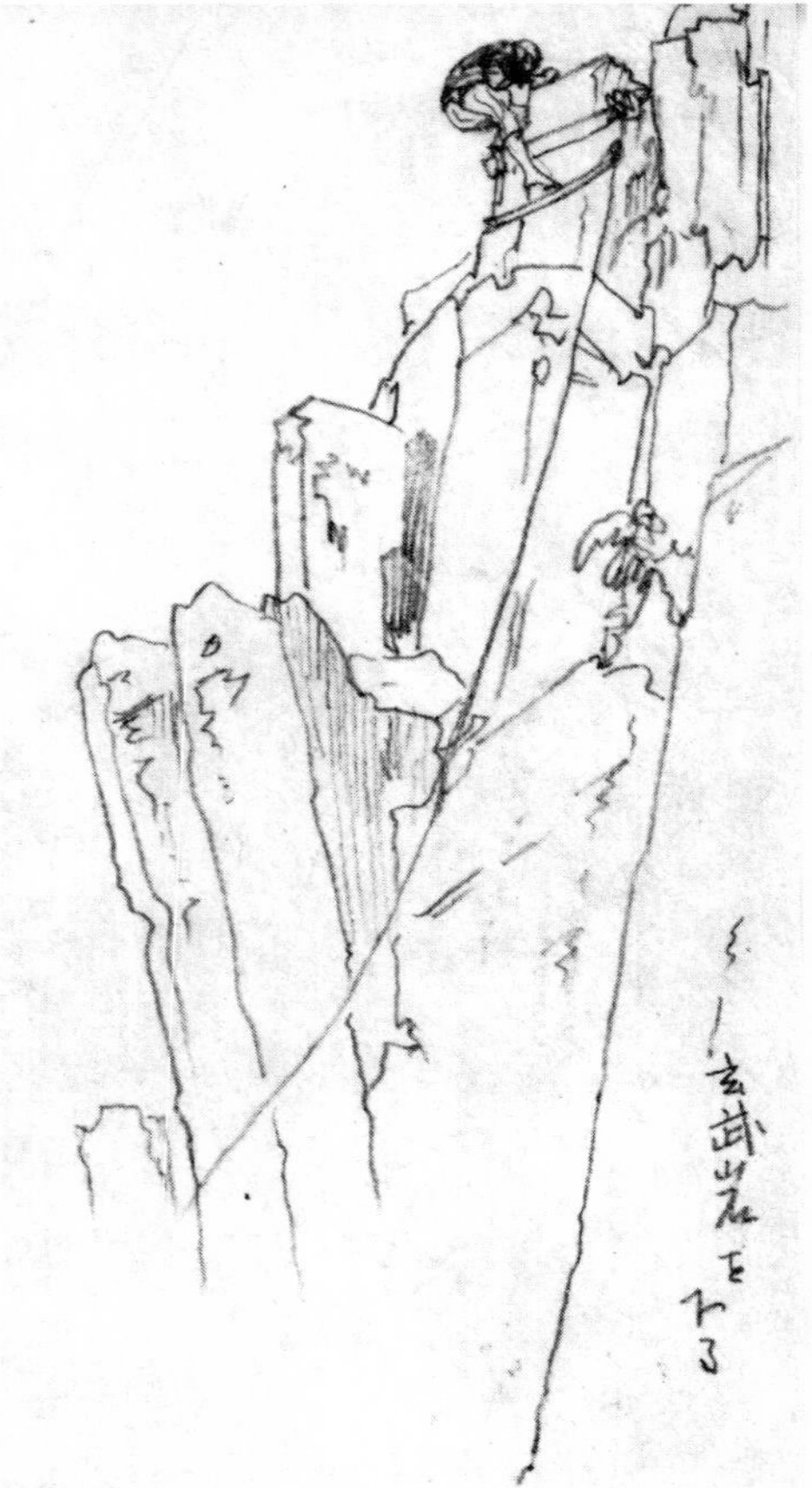

玄武岩を下る（鉛筆、紙　吉田家蔵）

や平原や牧場もある。近頃キャンプ生活が日本でも流行し始めたようであるが、そうした場所としては最も好適の山であるといえよう。

妙義は奇巌奇石に富んだ山である。

南画などでも想像できるように、支那にはこうした山が沢山あるらしいが、日本では兎に角そういう意味では特色ある山として挙げ得られると思う。

越後の妙高山は、これといって特筆する程の点もないのだが、私の好感を持っている山の一つである。鳥海山に似て、麓に平地を控えているのも私の好きな点である。赤倉あたりから眺めた山容にも、なかなか愛すべき味わいがあると私は信じている。

浅間山では山腹の岩穴に一泊したことがあった。その時は、毛布も合羽《かっぱ》も用意していなかったが、恰度いい具合に宿泊に適した岩穴を見つけたので、泊ることにしたのであった。噴火口を見るだけの目的でも、いずれかといえば山で一泊して行った方が都合がいい。日帰りの必要のない人は、最初から山で一泊する計画を立てて行くのも、面白いのではなかろうか。

なお私には日向《ひゅうが》の五箇瀬川の玄武岩の風景が未だに忘れられないので書き添えて

おきたい。長さ五里にわたって、川を挟んで、柱のように屹立《きつりつ》した玄武岩が両岸に並んでいる様は、実に幽邃《ゆうすい》の極みで、神秘の感に溢れたものであった。交通の便の悪いばかりに、世に知れないのは惜しい気がする。

その玄武岩の絶壁のうちでも、三田井というところは最も物凄い眺めを持った所であるが、ここには、この地こそ本統の天孫降臨の最初の地であるという伝説がある。成程そんな伝説も生まれてきそうに思われるような神秘的な風趣ある地であった。黒々とした柱状の岩に、赤黄色いのや、白みを帯びた苔が蒸して張りついている。その下には静かに深淵が湛えられて、音もたてずに流れている。今追懐しても再遊の念を唆《そそ》られずにはいられないのである。

玄武岩の風景としては、ほかにも但馬の玄武洞とか、九州の七ッ釜、同じく九州の芥屋大門《けやおおと》とか、また外国でもいくつか見たが、この五箇瀬川の玄武岩の眺めに及ぶものはなかった。

芥屋大門は玄海灘に面した海岸に、玄武岩の柱が並立した所である。玄武岩の裾には激浪が白い泡を吐いて打ち寄せ、玄武岩の間々に舟が碇泊《ていはく》している。風景としては面白いが、玄武岩そのものの規模と物凄さに至っては、やっぱり五箇瀬川の方が一枚上である。

巌石の妙を以《もっ》て世に有名な耶馬渓《やばけい》などは、この五箇瀬川の玄武岩の景に比較してみても、遥かに詰らないもののように思われた。耶馬渓が有名になったのは、漢学から影響された支那趣味をもって頼山陽が激賞したためであるが、事実はそれほどの推奨に価《あたい》する風景ではなさそうである。

玄武岩は俗に材木岩と呼ばれている岩で、これは日本アルプスや立山の谷でも見かけるが、その岩だけで特色ある眺めを形造っているといったような所はないようである。

序《つい》でだから、以下私の登った日本の山々の主なものを列挙してみれば、――富士山。御岳。立山。白山。伊吹山。妙高山。日光山。男体山。白根山。赤城山。榛名山。妙義山。八ヶ岳。鳥海山。八甲田山。大山《だいせん》。阿蘇山。雲仙岳。霧島山。浅間山。南北日本アルプスの全部。その他。

日光風景

大谷川《だいや》が日光町に流れこんできた所に、稲荷川という支流が合している。その稲荷川の奥の赤薙山《あかなぎやま》に、私は十日程いたことがあった。其処は人には余り知られていないが、画《え》にするとなかなかよいという事を聞かされたので出かけたようなわけであった。

行って見て、期待は充分に酬《むく》いられた。相当に大きな断崖が懸っていて、その下には澄み切った稲荷川の水が点在する石に堰《せ》かれながら流れている。石から石という風に跳び渡ったりして、谷川伝いに逆上《さかのぼ》って行くと、その上は滝になったり、大きな巌石になったりして、遂にどう手を尽してみても、最早それ以上は進めないというどん詰まりになっている。

私は、そこの断崖に近い炭焼小屋に泊めて貰っていた。

ある日、その奥へ画を描きに行って、はしなくも野獣の姿を直ぐ目の前に目撃したことがあった。

先ずいつもの習慣で焚火を始めた。そして焚火の脇で画を描き始めた。

ふと見ると、谷川の向うに何か動いている。谷川の向うといっても、こっちから凡《およ》そ十間程の距離なのである。頻りに草を喰《は》んでいる容子である。

その辺には時に熊なども出るということを聞いているので、私は内心大いに怖れを感じた。何しろ見馴れぬ野獣の姿なので、それがどんな猛獣だか私にははっきり判断を下せなかったのだから、尚更不安であった。

が、別に私を襲ってくる風も見えないので、強いて心を落着けていると、そのうちにまた草叢《くさむら》の奥へ隠れてしまった。

炭焼小屋へ帰って、その話をすると、それは羚鹿《かもしか》だろうということであった。それなら何もたいして不安を覚えずともよかったわけだが、いずれにせよ直ぐ眼の前に山の野獣を目撃したという意味で、その時の記憶は未だに鮮やかである。その後幾度《いくたび》となく歩き廻った日本アルプスの山中などでも、熊の掘った土の跡とか、熊の糞ぐらいは見たものの、その正体にぶつかったことは一度としてないので、余計その時の記憶は私には印象深いものとなっている。

白根山は日光連峰の最高峰というわけだが、登るのにそれ程高い山ではない。高くはないが登山者が少ないので、道は予想外に悪く登りにくかった。木の根岩角に摑まって、這うようにして登って行った。それでも岩が落ちて来たりする山ではないので、どうにか登ることができた。

ちょうど紅葉の頃で、その美観は素晴らしかった。一口に日光は紅葉がいいといっても、普通人の行き馴れた場所の紅葉よりも、幾段か立ち勝って見事なものであった。俗に黒木と呼ぶ紅葉しない木の葉と、燃えるような紅葉との入り混っている強烈な感じは、まるで美麗限りないモザイクのようであった。

とても低い山ではそんな美しい紅葉を見るわけには行かない。紅葉の代表のようにいわれている楓ばかりではない。どういう種類の樹木でも、総てが美しいのである。高山帯の灌木の紅葉にしても、如何にも高山の紅葉らしい、低地で見ることのできない別種の趣を備えていた。

男体山は殆ど森の中ばかりを行くというような山であった。だからその途中で展望を楽しむということはとても出来ない。それだけに登って行くのに甚《はなは》だ興味の薄い山であった。

登山ではないが、湯本から今盛峠《こんせいとうげ》〔金精峠〕を越えて沼田町へ出る風色にもすぐ

れた所が多かった。途中に瓢簞沼《ひょうたんぬま》とか丸沼とかいう静まり返った沼が横《よこた》わってい
るが、その水面に周囲の森が真逆様にくっきりと影を落としている風情にも心を惹か
れたことがあった。

富士雑記

誰が何といっても、富士山が日本の代表的な山であることに異論を差挟むわけにはいかない。それに私は富士には三度登っているし、そのうちの一度は約一ヶ月間、画を描くために山腹に滞在した。で、少し富士に就《つ》いて記してみよう。

元来富士山は、口に六根清浄を称《とな》えて登る信心家が昔から登った山で、登山道というものも、そうした信心家によって開かれたものである。それだけに麓には宿屋もあれば神社もあるし、各所に宿泊用の岩室《いわむろ》が設けられていて、至って便利である。登って行く足もとは平凡といえば平凡かもしれないが、兎に角内地最高の山だから、展望美としては申分《もうしぶん》がない。

私の滞在したのは北口から登る八合目であった。というのは頂上の岩室は毎日毎夜宿泊客でごった返していて、それこそ私の描きかけの画布《カンバス》であろうと何であろうと、踏みつけられもしかねない混雑ぶりであった。客には一定の寝場所というものもなく、ごろ寝をしなければならない状態なのだから、滞在の場所としては寧《むし》ろ不愉快なほどであった。そんなわけから私は八合目の岩室を選んだのであった。

そして毎朝天気さえよければ、私は八合目から頂上まで通うのを常とした。この道は、麓から登って行った人だとすると、最後の馬力をかけねばならない所だった。が、それは麓から登って行けば、恰度《ちょうど》疲労が全身を捉える頃合の場所だからで、八合目に泊まっている私には、頂上に通うことは朝飯前の容易さであった。

それでも通い初めには、人夫に荷物を持って行かせたりしたが、しまいにはすっかり馴れてきて、そんな必要は少しも感じなくなった。毎朝のんきに画布《カンバス》をぶらさげては、ぶらりと出かけて行ったものである。

太陽の昇ってくる朝の眺め、雲の舞い起ってくる姿、また雲の散って行く有様、日没の輝き、黒雲が夕日の光をぱッと受ける感じ、そういった山の変化は毎日私を喜ばせた。

わけても面白いのは富士の影が大きく太平洋上に映じている眺めであった。

下から眺めれば、富士の頂上はまるで平らのように綺麗さっぱりとして見えるけれど、しかし事実はそんな下から見たようなわけにはいかない。いくつにも峰になっていて、なかなか嶮《けわ》しい形をしている。

それが太平洋上に影を映すとなると、その頂上はやっぱり下から眺めたように、平らな頂上を持った影であった。その影を眺めることによって、頂上にいながら下から仰いだ富士の形を見ることのできるということが、私には何ということもなく面白いことに思われた。

時にはコバルト色に、時には紫色に、時には鼠色に、その影の色も、気象の変化と共に変って見えた。

山が高くて目を遮るものがないから、展望の点では全く遺憾がなかった。どうかすると房総半島の陸影さえ見えるようなことがあった。一度などは伊勢湾かと思われる程の遥かな所までも望み得たことがあった。

箱根から、御殿場あたりへかけて、一々指摘することのできたのはいうまでもない。

風を遮る岩蔭にでも陣取って、日向ぼっこをしながら、満目の展望美を描くには、富士の絶頂はまことに好過ぎるくらい好適の場所である。

周囲の眼界に山がないわけではないのだが、何しろいずれもずっと低いので、まるで山があるとは思われない。平地同様にその山々が見えるのである。宝永山のよ

富士山頂劔ヶ峰（口絵参照）

うな山さえ、平地にへばりついているように見えていて、結局それさえも平地同様の感じしかしないのである。

富士五湖は平面地図を見るような感じで横わっている。太陽がいかに照っていても、その光が湖水を輝やかすといったようなこともなく、模型図宛《さなが》らに鈍い色である。絶頂から湖水に達する視線の距離が極めて長いためであろう。

天気のよい時に、よく雲が山の中腹にかかることがある。そんな時には、天気はよくても下から仰いだのでは、富士の頂上は雲に隠れて見えない。それでいて頂上には雲がないのだから中腹の雲を上から見卸《みおろ》すということになる。その雲の割目や隙間から、ああ彼処《あそこ》に見えるのは田子の浦だとか、こっちに見えるのは山北の谷だとか、そんなことを話し合うのも楽しい。

高い山は外国にも幾らでもある。だがこんな風に海面から真直ぐ盛上がって、一つの眼界を遮るものもないといったような山は、世界でも珍らしい。そういう意味で富士山頂の展望は、世界的にいってもすぐれたものの一つであることを、私は断じて疑わない。

山の上は赤い焼石ばかりである。その赤い石の上に浮き出すように、信心家の白い着物を着た姿がチラチラしている。そんな眺めも悪くない。これと同じような眺めは、木曽の御岳などでも見られないことはないが、何といっても信仰のための登山者によって開かれた山だけあって、その点富士は極めて特色的である。

この白い着物の信心家を始めとして、富士ほど登山者の種類と姿との種々雑多な所は珍らしい。下駄《げた》穿きもあれば、草履《ぞうり》穿きもある。靴もあれば草鞋《わらじ》もあるといった調子である。老人も登れば、子供も登る、女連れもあるし、学生服もあるし、軍服の兵隊もあるといったようなわけで、その種類は実に千差万別である。

が、そのなかで最も山にまいってしまうのは、いつも壮年の、山に経験のない連中である。このことは後に「歩き方」の章において詳しく述べる積りであるが、登山の際の歩き方の大事なことは富士登山に於いてもよく知ることができる。元気にまかせて、最初に道を急ぐものは、最後は必ず疲労困憊して、はては山に暈《よ》ったりするような憂目を見なければならなくなる。

富士を標準にした歩き方で登山しさえすれば、まず何処の山へ行っても大抵間違いはない。

富士に登るには、暗いうちに提灯《ちょうちん》でもさげて、お宮詣りでも終ってから悠々と進むが一番よいのである。少し遅くなって出発した日には、富士の裾野の平原は極めて長いから、裾野三里をかんかん日に照らされながら行かねばならないということになる。殊《こと》に南口から登る人は、背中を炎天に照りつけられ通しだから、とても堪《たま》ったものでない。

平原を過ぎて森林へはいる。そして森林を出ると急に温度が変ってきて、寒くなる。その時、朝の日に照りつけられていなかったものはよいが、三里の間背中を炎天に曝《さら》されて歩いたような連中は、そろそろ山暈《やまよ》いに見舞われ出して、山暈いの前兆の欠伸《あくび》を始める。

これはどの山へ登るに際しても同じことである。山にかかる前に日に照らされるのは最大の禁物である。常にそれが山暈いの原因となるようである。

山暈いといえば、富士の山頂に泊った人で、多少なりとも山暈いを覚えない人は先ずないと言ってもいいくらいである。それは如何に登山前に日に照らされずとも、頂上の空気が希薄な上に、岩室内の空気が更に混雑する泊り客のために濁っているそのためである。そんな空気のなかに一晩もいれば、相当頑健な人でも、つい頭痛ぐらいは覚えるということになる。そんなこともあるので、私は頂上に滞在しなかったのであった。

私のいた八合目には、警察や救護所もあった。名ばかりのホテルではあったが、兎に角ホテルと銘打っている泊り場所もあった。私はその救護所にいる医師と懇意になったので、そうした方面の色々な経験をも味わうことができた。

山で怪我をする者があると、一々その報告が八合目のその医者のいる救護所へ届くのであった。怪我をする者は下山の場合に多かった。それも八合目以下が多かった。

妙なことに怪我をする者は、大抵上半身に傷を拵《こしら》えた。手とか顔とかいうところを怪我するのが普通で、足の怪我などは殆どないといってもいいくらいであった。怪我をする人は殆ど全部が疲労困憊しながら、無理に登山を遂行した者に限られていた。

登る時にはどうにか登り果《おお》せても、下る時には疲れきって、足に力がなくなっているので、前のめりに顚倒《てんとう》するのであった。そのために足よりも上半身に怪我をするらしかった。

時には上半身血塗《ちまみ》れになっているようなものを見るようなこともあった。血に塗れて、小石などが皮膚に喰いこんでいるような例もあった。顛倒した勢いで、山道の石で怪我をするのである。強風に吹き飛ばされる石にぶつかって怪我をするというような人は、ありそうなことで却《かえ》って少なかった。

雷雨の時、富士山では雷が足の下で鳴る。必ずしもそうと限ったわけではないが、雲の加減でそういう場合の方が多い。雷鳴が下でするのだから、稲妻も勿論下で光る。下界の雷雨に馴れた人には、そんなこともひどく奇妙な感じがする。

雨が晴れて来て、雲が雷鳴と稲妻とを発しながら、箱根の方へ押し流されて行くのを見ることなどもよくある。そんな時、その雲を指差しながら、今頃はあの辺で盛んに降っているな、などと話し合ったりしたこともある。

ある時、我々の滞在していた八合目に落雷したことがあった。雨はどしゃ降りである。雷鳴と稲妻がしきりに猛威をふるっていると思ううちに、一種異様なパシャッという烈《はげ》しい音がした。

そのパシャッという響が落雷の音であった。それには勿論《もちろん》近いな、という感覚はあったが、下界で聞く落雷の音とは大分感じが違うようであった。

「八合に落ちた」という、人の叫び声が我々の耳に入った。それを聞くと最初の一瞬間我々は我々のホテルに落雷したのではないかという気がした。そのうちにホテルの番頭が落雷に驚いて腰を抜かしたという騒ぎである。そこで私は例の懇意になった医者に手伝って、番頭の抜けた腰の手当をしてやったりした。

するとまもなく落雷は我々のホテルではなく、岩室だということが分った。それを知ると今度は、応急手当ての薬品などを用意して、医者はその岩室へ駆けつけた。私もまるで助手かなどのように、その医者について出かけて行った。

岩室へ行ってみると、凡《およ》そ十四五人程の登山客が炉を囲んで横わっている。雷は炉の上から釣るされた自在鍵を伝わって落ちたのである。医者は早速感電した人々の局所へ手当てをしている。私も見よう見真似で、薬などを塗る手伝いをした。

炉の周囲にいるものだけが感電したのかと思っていると、やがて奥の方にいる連中はもっとひどくやられているということに気がついた。元来落雷が避雷針に落ちた場合、避雷針から下方の銅板に伝わるのであるが、その銅板は水分のある個所にうずめられている。ちょうどその岩室では台所が一番水分がある場所なので、避雷針の銅板がそこに置かれていた。そのためにその台所に近くいた者がひどくやられたという結果になっていた。殊に信心家の登山客によく見受ける、何という名称のものか知らないが、肩から懸けてチリンチリン鳴らす鉄製の輪、——あの輪を軀《からだ》につけていた者がいけなかった。鉄の輪だから、それに落雷が感電したものと見える。が、その時は、火傷をした者こそ随分多かったが、幸いにして感電致死した者はなかった。岩室その物も何処といって損傷を受けた個所もなかった。

それは八合目の落雷の最初の経験であったが、二度目からは雷の鳴る時には大分気持が悪かった。落雷の状景と結果とを知ってしまったからである。

雷鳴稲妻の感じが平地にいる時と違うのは、言わばその雷鳴稲妻を発している雲自体の中に、我々自身も包まれているからであろう。そんなことも、考えれば何となく平地にいる時と違って無気味であった。

富士登山をした人は、下山の際によく砂滑りを試みる。場所は南側の御殿場口の方へ降りてくる所で、宝永山から一滑りの砂の傾斜面である。こうした砂地の斜面は、他の山にもないことはないが、富士山のほど大きい範囲にわたっているものは珍らしい。

滑って行く人を遠くから眺めていると、まるで煙に乗って走って行くように見える。速力が早く、砂煙が上るからである。

速力は実に早い。しかし速力の早い割に、この砂滑りはなかなか疲れるものである。

なにしろ歩くのでなく滑るのだから、草鞋の痛みようも多い。そこで一つ穿いた草鞋の上へ、途中で他の人の捨てたか落して行ったかしたと覚しい草鞋を見つけるたびに、その草鞋を拾って、幾重にも結びつける。

その草鞋を見つけて結んでいる間に、後ろから滑り降りてくる人は、忽《たちま》ちに自分を追い越して先へ行ってしまう。よく小便一町ということをいうが、――つまり小便をしている間に一町は遅れてしまうという意味だが、――砂滑りとなると一町どころではない。瞬《またた》く間に距離が違ってしまう。

富士はこうした石と砂とで出来ている山だから、登山鉄道でも通じるとなれば、随分やりにくいであろうと思う。外国のことをいうと、伊太利《イタリー》のベスヴィオ火山の山腹には、恰度富士山の砂滑りの場所に似たような所へ登山鉄道が敷かれていたが、それなども随分無理をして架けてあるように思われた。

山の先輩

日本の高山美に就《つ》いて語った終りに際して、私は山の先輩とも称すべき三人の山男のことを記してみたい。三人というのは、嘉門次《かもんじ》、品右衛門《しなえもん》、小林喜作のことである。

嘉門次は年十三四の頃から山に入り始め、登山家の山案内に従って行くようになった。晩年は上高地の明神池の畔《ほとり》に小屋を作って、死ぬまでそこに余生を送った。小屋の壁には二丁の猟銃が懸っていた。が、晩年には殆どその猟銃も用いなかったらしい。毎日魚釣りに時を過していた。

酒の好きな男だったので、私は屢々《しばしば》嘉門次を清水屋へ呼んで、互いに盃を傾けながら、山の話を聞かせてもらったものである。日本アルプスの中でも特に穂高、槍の付近が明るかったようである。

嘉門次が亡くなった時には、島々村の村葬に依って葬儀が行われた。

品右衛門は黒部の平《たいら》の小屋に住んでいた男で、山の明るく達者なことは驚くばかりであった。が、道案内に立ったりはせず、生涯登山者達には全然関係しなかった。品右衛門が行こうと思って行けない山はないといわれたくらいで、断崖も降《くだ》れば、雪谿《せっけい》も越えるし谷川があれば手づから渡しを作りもした。普段は黒部川に釣り糸を垂らして暮していた。

信州人の間では、品右衛門といえば音に聞えた山男の名前となっている。前の二人が山に住んでいたのとは違って、小林喜作は里に居住していた。しかし里とはいっても登山口でなかったために、一般の登山客に接することがなかったので、商売人じみたところはなかった。

私は日本アルプスへ登る度ごとに、七八年来にわたって、いつもこの小林喜作を伴って歩いたが、気立ての善良な、極めて愛すべき男であった。元来猟師を職としていたので、熊や羚羊《かもしか》を獲物に求めつつ、年じゅう日本アルプスの到る所を歩き廻っていた。それだけに道もないような場所のことまでも熟知していた。

山に対しては、一種不思議な、動物のように鋭い感覚を持っていた。だから仮りにこの男が通ったことのないような場所にぶつかったとしても、其処を行けば何処の道へ出られるとか、その先には石楠花《しゃくなげ》の森があるから、とても通れまいとか、向こうに見える岩山へ出て行くにはどう通って行くのが一番よいとか、即座に判断を下すことが出来た。

喜作が一言いかんといえば、必ず其処には我々の気づかないそれだけの理由があった。感服に堪えないのは、事の起った時の態度である。そんな時少しも周章《あわて》るということがない。常に沈着で勇敢で、そして注意深い。

こんな話もある。——

松本の、登山には相当に経験のある連中が、喜作と一緒に山で霧に囲まれた。登山家達は参謀本部の地図を頻《しき》りに点検して、道は此方《こちら》だと主張する。ところが喜作はそんな地図には一顧も払わず、いや、此方《こっち》だといって、登山家たちの意見とは全然反対の方向を指差した。

登山家たちも自尊心を傷つけられたくなかったものと見えて、喜作の言葉に屈服しようとしない。

はては磁石を取り出して方向を確かめることになったまではよいが、滑稽なことには肝腎の南北が分からないから、地図の上へ磁石の置きようがない。これはよくあることで、本統に道の分らなくなってしまった時には、磁石なんかは何の役にも立たない。

結局霧が晴れてみると、喜作の言葉通りだったということが分った。

こんな話でも分るように、喜作という男は、方向に対する感覚が異状に発達していた。

ところが気の毒なことに、今から七八年以前に、棒小屋沢という所へしし（実は羚羊）狩りに行っていて、山小屋の中にはいったまま、小林喜作はその息子諸共に、雪崩《なだれ》のために圧死してしまった。あれ程に注意深い男がどうしてそんな雪崩の落ちてくる場所に小屋を作っていたのか、些《いさ》さか不思議の感に堪えないが、つまり天運というものでもあろうか。

何にしても私としては、長い間の山の道連れであったのだから、思えば哀傷の感に打たれるのである。茲《ここ》に彼の名を記しつつも、思わず彼の冥福を祈るといった感情も動かざるを得ないのである。

以上の三人以外にしても今も山の達者は幾人かいるであろう。しかし彼等のように山を自分の住居のようにして暮しているものは恐らくあるまい。

昔から越中では、立山へ登って来なければ一人前の男ではない、といい慣らわされただけのことはあって、越中立山口の道案内や強力《ごうりき》には、なかなか優秀な連中が多い。こうした比較は差障りがあってよくないかも知れないが、信州の強力などよりは遥かに強いと思われる節々がある。

諸方の登山口に、今もそれぞれに有名な強力を挙げることができるが、ここではそれを、省略して置こう。

ただ一つ常々私の考えていることは、小林喜作とか嘉門次とかいったような、山に対する異常に鋭い感覚を持った、そして軀《からだ》の頑強な山男を、何人も極め得ないというエベレストやカンチェンジャンガの高峰の登攀のために、正客として派遣してみたいということである。学者的登山家や白人の探険家が目的を貫徹することのできないでいるヒマラヤの高山の突破にも、山で鍛え尽された彼等ならば、或いは却って成功しはしないであろうかという気がしてならないのである。

富貴の湯夜話

いつも私は日本アルプスへ登った帰りには、松本市へ出て浅間温泉の富貴《ふき》の湯へ一泊する。そしてその夜遅くまで、松本山岳会の人々などと酒盃《さかずき》を傾けながら、四方山《よもやま》の山の話を交すのを、この上もない楽しみとしている。互いに漫然として話し合うのであるが、様々な珍らしい話や、変った話が飛び出してくる。

思い出すままに、その時の話の二三を記してみよう。

富貴の湯の私の泊る部屋からは、日本アルプスの連峰が手に取るように眺め渡された。ある時、その山々を眺めながら、常念はどれだろう、と聞いたのが始りで、常念の鞍部を常念坊というが、その坊とはどういう意味だろう、というようなことから常念坊の伝説に話が移っていった。

ある日暮のこと、大町の酒屋へ一人の見馴れぬ坊主のような男が酒を買いに来た。そして酒を三升《さんじょう》くれという。

それはよいがその男の持って来た徳利は、せいぜい一升くらいしかはいりそうもない徳利であった。が、そこは商売だから、いきなりその徳利に三升なんてはいりはしないだろう、というのも愛想のない話と思って、兎に角酒を注《つ》いでみることにした。

すると驚いた。一升はもう確かに注いだと思うのに、まだ幾ら注いでも口まで一杯になる気色《けしき》がない。三升どころか、うっかりして三升の余も注ぎこんでしまったが、一向徳利は平気である。

徳利を受取った男は、「御免」とか何とかいって、ついと店を出る。

いかにも奇異なことに思われたので、すぐに後から亭主も店先へ出て行ってみた。が、今の酒を買いに来た男の姿は、もう何処にも見えない。

さてこそ、今のは常念坊の天狗の類であったろう、ということになったのである。

乗鞍の上には妙な男が住んでいる。里にいても何の働きもできないようなところから、山に引込んで、たまたま通りがかる登山客から貰う茶代ぐらいを当てに暮しているらしいが、この男がその付近に道標《みちしる》べなどを建てている。

そしてその道標べへ持って行って、「乗鞍千人、板殿正太郎作」と書き添えている。乗鞍仙人の積りだろうが、それを乗鞍千人と書いているところなどは、却って山男めかしくて面白い。

暫《しば》らく私はこの正太郎を山で使っていたことがあるが質朴で気立のいい、極めて愛すべき男であった。それにこの男には妙な才能があって、鉈一挺《なたいっちょう》で様々な彫刻をやる。

こんな男には心《しん》の随《ずい》から山が適合しているものと見えて、里へ出て来るとまるで落着きを失ってしまう。そわそわしたその容子といえば、山間の人が初めて都会の真中へ出て来たよりももっとひどい。

私が下山した時に、福島の町まで送って来たことがあるが、そんな時でもまるで町に恐ろしいものでもあるように、全く平静を失ってしまっている。お辞儀をするのも何も忘れて、私に別れると、一さんに山へ戻って行くその容子は、無上の楽しいものでも山に待っているように、希望に輝いたものであった。

或いは今も乗鞍の上に暮しているかと思うが、私には忘れ得ない男の一人であった。

中房《なかぶさ》から大天井を経て槍へ向う途中に、「為右衛門釣し岩」というのがある。これはどういう岩かと思って色々聞いてみた。

すると、昔といってもそう古いことではなく、やっと一代前ぐらいに、山麓の有明だか穂高だかに、為右衛門という男がいた。山に入って薬草採りを仕事にしていたが、この男、そんな山で仕事をしている男に似合わず、大の臆病者であった。

その臆病者の為右衛門が、今いった釣るし岩の所へ来ると、性来の臆病のために、どうしてもその岩を降りることができない。そこで他の人が為右衛門の腰へ綱をつけて卸してやったという。これが「為右衛門釣るし岩」の名ある所以《ゆえん》だが、謂《い》ってみれば単純な話である。

こんな話を特に挙げたのは、山の中の様々な名称には、なかなか巧みな面白いものがあるものだが、さて、我々自身が何かに名前をつけようという段になると、巧《うま》い名前というものは容易に思いつかないものだ、ということをいいたかったからである。

私が名附け親みたいになったものが一つある。

中房から槍の間に近道が出来るという話を聞いた時のことである。それは山に明るい例の小林喜作が道を通じるのだという。

そこでかねてから、日本アルプスの何処かに喜作の名を残して置きたいと思っていた矢先だから、

「どうだね。一つそれを喜作新道と呼ぶことにしてみては」

新道では、どうやら余り山道らしい感じがしないとも感じたが、その後に至っても、私のいい出した通り喜作新道の名を以って、その間道は呼ばれているようである。

日本アルプスの真中どころに当る双六谷《すごろくだに》は、日本アルプス中での神秘境といえるかと思う。

道順は飛騨の方から登るようになっていて、そこには見事なというよりは物凄い真暗な滝がかかっている。そしてその上を行くと綺麗な草原になっている。その草原を歩いている時に、連れの顔を見ると、その顔が馬のように長くなって見えるという言い伝えがある。

ある時雨《しぐれ》の時に、川の水嵩《みずかさ》が増すと、その奥から二尺程もあろうかという大きな

下駄が流れて来た。さてはその奥に住む天狗の下駄に相違ないなどと伝えられたが、按《あん》ずるにこれは山奥へ盗伐にでも行った男が流した角材ででもあったのであろう。

立山には御来迎《ごらいこう》というのがある。

頂上へ行くとわざわざ御来迎を拝む場所へ神官が案内してくれる。そこに立っていると眼前にありありと一光三尊の如来が二十五菩薩《ぼさつ》を引連れて、西方の浄土山の前へお現われになるという。

その御来迎のことが念頭にあった当時、私はある時附近のみくりが池へ写生に出かけた。その帰り道のこと、四辺《あたり》に霧が罩《こ》めてきたと思ううちに、断崖の上へ差しかかると間もなくその霧が晴れた。

見ると池の上にはまだ一杯に雲が懸っている。その雲へ、折しも夕日の光が滲むほども差し込んでいた。

その時だった。その池の上の雲の中に、洋服を着た一光如来が丸いキラキラ輝き渡るような虹を背負った、姿をお現わしになったではないか。

洋服を着た如来とは冗談で、実は断崖の上に立っている私自身の姿が、夕日の光線の作用で眼の前の雲に大きく映っているのだった。

「これ、これ、これが御来迎の正体なのだ」

とその時はっきり感じた。

つまり立山の御来迎が二十五菩薩とともに現われるというのは、拝みに行っている人が幾人《いくたり》も多勢いるから、それだけの数が雲に映って、二十五菩薩のように見えるのである。

理屈が分ってみれば、御来迎は立山やみくりが池ばかりではなく、朝日夕日を低く浴びる山ならばどこでも見えるわけだと考えたので、それからはそういった条件を備えた山を通る度に注意した。

すると果たして朝日夕日を浴びる山の前に雲が浮かんでさえいれば、至る所の山で御来迎を見ることができた。


人夫同志が天狗というものがあるかないかだとか、まだ見たことのない海に就いての議論している話を、傍《そば》から知らん顔をして聞いているのは余程面白い。まるで落し話でもあるような、そんな話の内容も我々の富貴の湯の夜話の話題に上った。

焼岳附近で陸軍の高山演習に、少佐だか中佐だかのよく肥った指揮官が、余り肥っているので山の急峻では思うように軀《からだ》の自由が利かず、軀に綱をつけて人夫に引っ張ってもらいながら指揮刀を揮《ふる》っている光景のおかしさなども話に出た。

そのほか、立山の奥の内蔵助平《くらのすけだいら》に、昔、落武者が宝物を隠したという伝説を頼りに、近頃その宝物を探り当てようとして苦心している男の話だとか、これも、昔、鷹狩の時に逃げた鷹を追って行って、ついに立山の奥へ踏み込むと、一頭の熊が現われたので、これを弓で射止めると、熊はポタポタと血の点滴を落しながら山中へ逃れて行った、そこでその血の跡を辿って見ると、一つの岩窟があって、そこに傷ついて血を流している仏像が立っていたとか、そういう話は幾らでも後から後からと富貴の湯夜話の思い出の中へ湧上がってくる。

が、徒《いたず》らにここへ書並べてみても、興が薄いと思うから、この辺で切上げることにしよう。

山の天候

高山美と気象の変化とは大いに関係が深い。そしてこの気象の変化は、一種の山の天気予報といったものの参考にもなるから、山の天気予報に就《つ》いて少しばかり書いてみたい。

経験が積んでくると、山に登って皮膚に触れる空気の感覚で、来るべき天候の具合を感知することができる。しかしこの感覚に就いて文字で表現するとなると、どうしても抽象的になってしまうから、実際の経験のある人でないと分かって貰いにくい。兎に角山の空気というものは、それ程デリケートなものということだけでも、知っておいて戴きたい。

その意味では山の空の色彩からでも天候を予知することができる。天気のよい時にはその色彩が爽快なほど鮮明である。天気の悪くなる前には、たとえ遠くの山も見え別段空が曇っているというわけではなくとも、何とはなしに空の色彩が濁っている。だが、これも経験に依らなくては、正確な判断は下しにくいかもしれない。

山で霧に周囲を閉ざされることは、極めてしばしばのことであるが霧が、罩《こ》めたからといって、天気が悪くなるとは限らない。いったん罩めた霧がすぐに晴れて快晴になることも珍らしくない。

同じ霧であっても、これは天気の悪くなる霧か、それとも快晴になる霧かということは、やっぱり自ずと感覚に訴えてくる。快晴になる時の霧は、たとえ一間先が見えなくとも、何処からともなくぼうッと滲むような明るさを漂わせているものである。

太陽が昇って十時頃から、綿をちぎったような雲が頻りに湧上ってくることがある。そしてその雲は山を包んで霧に変る。ところが午後になって夕方が近づくと、霧も晴れてその雲が次第に少なくなる。

というようなのは、山の天気のよい日の普通の変化である。こういう時には毎日天気続きで、そして毎日同じような雲の変化が繰返される。登山者にとっては、これは理想的な天気というべきである。

一体に雲が谷間《たにあい》から這い上がってくるような時は天気がよいようである。反対に雲が山から里の方へ吹き卸して行くような時は、天気の変る証拠である。

雲と同じことが動物にもいえるようである。動物が山へ登って行くような時は天気がよく、下を向いて降りて行くようだと雨が近いものと思って間違いはない。

冬の登山の前に、立山附近の人が、よく立山の上に雲が吹き飛んでいるから、登るのは見合わせたがいいというようなことをいう。その癖空は一面の快晴なのである。こんなにいい天気なのに、立山登りを見合せろなんて、そんな理窟はないなどと忠告を聞かずに登ってみると、はたして間もなく天気が変って雪になる。

理窟は抜きにして経験から土地の人は天候を予知するのだから、大抵の場合その言葉は外れない。だから何処へ行っても山へ行ったなら、天候に対する土地の人の言は信じなくてはならない。

土地の人の言を信じなかったばかりに、飛んでもない間違いを惹起《ひきおこ》すといったような例も、決して少なくないのである。

登山の携帯品

この書は登山案内が目的ではないが、参考までに私の経験を基とした登山の注意を多少書き添えておこう。他山の石となることもあらば、私としては望外の喜びである。

先ず登山の用意から始めると、着替えの着物はかなり贅沢な登山にしても、持って行くわけにはいかないということを覚悟しなければならない。しかし高山は上へ行けば随分寒いし、途中で汗塗《まみ》れになるようなこともあるから、それ等の時のためにシャツは余分に準備して行くべきである。

着物は防水洋服に防水帽が最もいい。足はズボンのままでも差支えないようなものだが、やっぱり脚絆《きゃはん》かゲートルで行った方がいい。そうすれば巌石の当りや、蛇などの防御にもなるから便利である。

履物は普通の鋲《びょう》を打った登山靴でも沢山だが、軽い意味では却って草鞋《わらじ》の方が結構である。但し草鞋の場合は幾足か穿《は》き代《が》えの草鞋を用意して置かなければならない。なかには特に丈夫なように、ぼろ布で草鞋を作って行く人もある。いずれにせよ登山者は万一の場合のために、草鞋の作り方ぐらいは心得ておきたいものである。

雨具としては、洋傘類《コウモリ》は山では全然役に立たない。私は一度携帯に便利なので絹《シルク》のレーン・コートを持って行ったことがあるが、これは失敗だった。樹木の下草や巌石の類に、ちょっと引っかかっても直ぐに裂けてしまうからである。雨具には莫蓙《ござ》と合羽《かっぱ》とが最も手軽でしかも実際の役に立つ。

それも私は合羽の中へ綱の通っているものを使用しているが、これは至極便利なもので、ちょっとした山の宿泊くらいには、テント張りの雨除けにも役に立つ。

合羽は俗にいう合羽風呂などにも利用できるから、登山者はぜひ携帯して行って貰いたい。合羽風呂とはどういうものかというと、これは地面に穴を掘って、その中へ巧く合羽を敷き込むのである。

そして別に沸かした湯を、その合羽を敷き込んだ穴の中へ注ぎこむのである。そうすればうまい具合の風呂が出来るというもので、山中で長く風呂に入れなかった場合に甚《はなは》だ気持がいい。

風呂の序《つい》でにもう一ついえば、こういう方法もある。岩の上で盛んに焚き火をする。そしてその岩が熱く熱してきたならば、焚き火を払いのけて、熱した岩へ水をかける。すると岩が熱しているから、水は熱気を帯びて蒙々《もうもう》と湯気をたてる。その湯気の中へ裸になって、草鞋一つで立つのである。つまりそれは簡単な蒸し風呂といった具合のものになる。

藪《やぶ》などをかき分けて進む時の用意のために、地質の丈夫な手袋も必要である。雪の上を歩くためのかなかんじきも忘れてはならない。提灯《ランタン》は外国式の登山用のランターンが重宝である。

寝具は毛布類でもよかろうが、私は鞣《なめ》してない毛皮を持って行く。そしてその毛皮を二枚縫い合わせた袋の中へ寝ることにしている。大変暖かくて寝心地がいい上に、毛皮がふさふさしているので、雨や湿気を除けるにも役に立つ。私の持っているのは日本アルプスで取れた羚羊《かもしか》の皮であるが、羚羊の皮でなくとも何の皮でも結構であろう。

割合詰まらなそうなもので意外に役に立つものは絆創膏である。傷でもした時に用いるのはいうまでもないが、そのほかに湯沸かしに穴があいた時に、一時の間に合わせに穴をふさぐこともできれば、テントの破れなどを補うにも役に立つようなことがある。

その他、手拭、石鹼の類、足袋《たび》の穿《は》き代《か》え、蠟燭《ろうそく》、マッチ、地図、磁石、空気枕、ちょっとした薬品、酒精《アルコール》、食器、炊事道具等は私の記すまでもなく、いずれも登山の必需携帯品である。

食器はアルミニウム製のものよりも、普通の椀類の方が便利なようである。飯を焚くには兵隊の使う飯盒《はんごう》に越したものはない。

針金類も忘れずに持って行った方がよいであろう。火の上へ鍋を釣下げるといったような場合にも、針金があれば早速その役に立てることができる。

食糧としては、いずれかといえば単純な味のものの方がよいようである。山へ登ると汗を出すことが多いとみえて、塩辛いものが非常に欲しくなる。それからまたそれと反対に疲労のために、甘い菓子類などに嗜好を感じる。登山者はこの辺のことも考えて、食糧の用意をするがよいであろう。

私は画《え》を描くために登山するので、その結果どうしても滞在するような場合が多い。ところが滞在が長引くと、人夫達が淋しがって困るので、喰物《くいもの》で彼らの心を釣るといった式で、ちょっとした変った食糧を色々持って行くようにしている。今日は御馳走に何が出るか、というような子供らしい考えで、彼らは変った食べ物を楽しみにしているようである。

人夫の使い方一つで、自分まで不愉快になるようなことがあるから、そうした点に多少は留意しなければならない。

山の歩き方

山には歩き方がある。歩き方一つでどんな人でも一万尺の高峰に登ることができる。肥った人がよく自分のような軀《からだ》で登れるかしら、などと心配するようであるが、少しもそんな懸念はない。

必要なのは、歩き方と、登山の少し前から軀に気をつけることである。疲れて登るのは極めてよくない。疲れて登れば必ず山に暈《よ》ってしまう。だから夜汽車などで行って、直ぐに山に登るといったようなやり方はよくない。

極端にいえば、山馴れない人が登山する場合には、二三日の間低い山を歩いておいて、多少馴らしておいてから、また更に二三日休養して、それから愈々《いよいよ》目的とする登山を試みれば、必ず間違いない。

登山の前夜は摂生に気をつけて、酒なども飲まずに早く寝ることだ。そして朝は提灯《ちょうちん》をつけて出るくらいに早く発つ。

涼しいうちに出発しさえすれば、決して疲れるものではない。それに涼しいうちに宿を出れば、恰度《ちょうど》暑くなる時刻には、極めて都合よく森林帯にかかるのが普通だから、ひどく暑さに悩まされるというようなこともなしに済む。

歩き方として第一の要領は急がないことである。他の人がいくら自分を追い越してずんずん先へ行っても、そんなことは平気で辛棒《しんぼう》することである。

そうすれば結局は急がずに登って行ったものの勝ちとなってしまうものである。次第に山が急峻になって、上の方までくると、麓で自分を追い抜いて行った男を、今度は自分が追い越して先になるというような順序になる。

面白いのは下山の時にすっかり参ってしまっている男は、きまって登山の時には最も元気だったものに限るようである。

富士山などへ登山する場合でもよく分る。いい若いものがすっかりへとへとになってしまっているのに、子供連れや女連れが却って元気でいる図を屢々《しばしば》見かける。というのはつまり子供連れや女連れでは、歩き方を子供本位女本位にして、急いで登るということをしないからである。

登山に急ぐということは絶対に禁物である。前に述べた小林喜作がこういうことをいっていた。――歩調が出発の時と到着の時と同歩調ならばその人はもう一人前だと。

出発の当初から道を急ぎさえしなければ、到着の時にも同じ歩調を持続していられるのである。それを出発の時に元気にまかせて急いだりするから、後にはすっかり疲労してしまうようなことにもなる。

山の宿泊

山に宿泊する時は、進行を早めに切り上げて、宿泊の準備に取りかかるべきである。

宿泊にはまず第一に場所の選択ということが問題になってくる。それも低い所ならばたいして面倒は要らないが、それでも乾燥していて、風当りの強くない所を選ばねばならないのはいうまでもない。

水に近いから便利だというので、川の縁などに宿泊地を設けると、ひどく風当りが強くて悩まされるような場合もある。森の中は風を除けるにはよいが、湿気が多いので考えものである。こうなると宿泊地の選択ということも、なかなか生易しいことではない。

特に宿泊地の選択に当って苦心を要するのは、尾根に泊る場合である。山は風が強い。わけても尾根には絶え間もなく風が吹きつけている。その風を避け得られるようにしなくてはならない。

ちょっと考えると、ゆるい傾斜の窪みなどは、宿泊地としてよさそうだが、事実は却ってそういう所に風は余計吹きこみ易いものである。それにそういった場所には、雨が降ると、遠慮もなしに水が流れこむ。

同じ窪みでもごく狭い所だと、風も避けることができるし、雨も流れこまないようなものもある。そういう窪みがあれば、実に勿怪《もっけ》の幸いとでも言うべきだが、なかなかそういう場所は容易に見つけ出せるものではない。

山へ登って、その山ではどっち風が多く吹くかということは、草木を見れば直ぐに判断がつく。草木はいずれもよく吹く風の方向に従って自ずと傾いているからである。

それが分かったら、その風の方向を防ぐべき岩なり木立なり断崖なり、そういうものの立っている陰を選ぶがよい。しかしそれもその防御物の反対の側に、同じく岩とか断崖のような物が立っていると、結果は面白くない。なぜというに一旦頭の上を吹いて通り過ぎて行った風が、その反対の側の防禦物にぶつかって、そしてそれが再び宿泊している場所へはね返って吹きつけてくるからである。どうかすると向うに聳《そび》える山の側面にぶつかって、そこから風が吹き戻してくるような場合さえ

（鉛筆、紙　吉田家蔵）

もある。

山は寒い。空気が稀薄なために、実際の温度以上に寒気を感じるものである。で、その寒気をしのいで寝るのに、極めて手軽なよい方法がある。というのは盛んに焚火をした後で、その焚火をどけた跡へ寝具の用意をして寝るのである。こうして寝れば寒気を忘れるどころか、時には却って暖か過ぎてよく眠れなかったなんて程のことさえある。

私は宿泊の場合には、いつもテントの中へ炉を切ることにしている。これは気持ちのよいもので、寒気がとりわけひどいと思えば、寝る時には、その炉を埋めてその上へ寝具を設ける。

だが、こうした宿泊上の色々な準備をするにしても、疲れきっていて、時刻が遅くでもなっていれば、とてもそんな面倒なことをしている元気はない。そこでただもうひたすら疲労を休めたいばかりに、不用意な宿泊のやり方をとる。すると忽《たちま》ち軀《からだ》を悪くしたり、危険の原因を誘発したりする。

だから宿泊の準備は、疲れ果てた揚句に取りかかってはならない。まだ肉体に元気が残っているうちに、進行を切上げて、十分用意周到に宿泊の場所を設けねばならない。

長滞在の場合には、宿泊の場所を一層居心地のいいものにするために、最初張ったテントの上から、更にもう一つ完全な覆いを作り、屋根を葺ふいて、それが出来上ったら、前の、下側のテントを取り除くようにするとよい。

美ヶ原に画を描きに行っていた時には、このやり方で小屋を作った。屋根は熊笹の束で葺いた。

宿泊上で重要なことはもう一つ火である。よく固形アルコールを携帯して行く人があるが、たとえ固形アルコールでも、ぼうッと燃えてしまっただけでは、一時的で何の意味もなさない。だから登山者は焚火のやり方をよく心得ておかねばならない。

山で燃えやすいものは、松の枯れたものとか白樺の皮の類である。雨降りの時には、たとえ枯れ木にしても濡れているのでなかなか燃え悪《にく》い。しかしそれとてもやり方一つである。そういう際には木を割って使用すればよい。いくら雨に濡れても、木の内部の方までは濡れていないのが普通だから、割って使いさえすれば決して燃え悪いというようなことはない。

同じ焚き火にしても、素人は枯れ木を乱雑に積み重ねる。ところが経験を積んだ山男などになると、丹念に枯木を隙間もないように並べて行く。時間はこの方がか

第一図

第二図

かるが、結局火の燃えつく段になると、忽《たちま》ちに燃え始める。

歩き方と同じことで、焚火も急いでは駄目である。落着いてかかるのが最もいい。焚火のこつもまた急がないことにあるようだ。

事のついでに、山に野生しているもので、食用に適したものを心得ておいたりするのもよい。存外な時に役立つ事があるものである。

その季節ならば、山梨（じなし）山葡萄、栗といったような果物類もある。独活《うど》や岳蕨《たけわらび》は相当に高い所に行っても生えている。岳蕨の方はたいして美味いというわけのものではないが、独活の方はなかなか風味のいいものである。

そのほかにも薊《あざみ》とか岩ぶすまとか、食用になるものが幾つかある。

尤《もっと》もその山々によって、食用になるものの種類も多少違うから、予《あらかじ》め人夫にでも聞いておくようにしたら、万一の場合のよき助けとなるであろう。

山の宿泊の場合に、最も重要なことは何といってもテントの張り方である。テントの張り方一つで宿泊の夜の気持を左右されることが多いから充分注意すべきである。

テントに就いては、文字で説明するよりも図を見て貰った方が早分かりかと思う

棒小屋　二泊（鉛筆、紙　吉田家蔵）

が、テントの用意のない場合にでも、どうしても山へ泊らねばならぬ場合が起る。その時は風をよく遮る物蔭を選んで、さきに述べたように焚火をした跡へ眠る。そして携帯して行った油紙なり合羽なりを懸けて寝るがいい。(第一図参照)もう少しちゃんとした寝方をしようと思う場合には、図のように支柱をたてて、それへ棟木代用の綱を結んで渡し、その上へ合羽をかぶせ、下へ垂れた縁に重石を並べるか、さもなければ綱を懸けるか、とめるかして、合羽のず飛ばされないようにする。合羽の芯に這松を用いる人もある。

テントの支柱は手頃の樹木を拾ってきてもいいし、杖やピッケルでもよいが、何にしても山ではそれを地中へ差込むということのできない事がある。そこで周囲から綱でつなぎ留めて倒れないようにする、また支柱が短くて困ると思えば、支柱の下へ支柱を高めるための台をかえばよい。台には石でもその他の何でも有合わせのもので差支えない。

テントを張る場合に、なるべく窮屈でないようにするには、テントの裾へ木綿布を縫いつけておいて、それを地へ垂らすようにすれば、テントの高さを増すことでがきる。立っても頭がつかえない程度になる。(第二図参照)

テントの周囲へは浅い溝を掘る。それは外側から雨の流れ込まない用意である。

説明はこのくらいにしておいて、あとは図の方をよく見て会得されたい。

山岳道徳

最後に山岳道徳について、私見を述べておく。

山は自分一人のものでない。だから常に、他の登山者の便宜ということをも頭に置いて戴きたい。

例えば面白半分に空罎《あきびん》を割ってしまう人がある。しかし他の場合には、罎の必要に迫られながらも、どうしようもないような事もある。必要の場合には自分も他人も同じことである。

もしそういう時に、路傍に満足な空罎を見いだしたとしたならば、どんなに助かるかしれない。だから不要の空罎ができた時には、面白半分に割ってしまったりせずに、路傍に保存して置くのが山岳道徳である。物品を容易に手に入れることのできない山では、そのくらいの心懸けが必要である。他の人が更に他の人の必要の場合にもと思って、折角路傍に保存して置いた空罎を見つけて、それをもし面白半分に叩き割ってしまうような連中は沙汰の限りというべきである。

元来日本アルプスの縦走行程《コース》は、昔の猟師の往来した跡だそうだが、当時の猟師が山中に宿泊する時に、枯木を集めて焚火をした際にもしもその枯木が余って残りでもすると、次に自分の後に其処へ差しかかって宿泊する者の便宜のために、必ずその残りの枯れ木を雨に濡れぬように叮嚀《ていねい》に保存して置くようにしたものだということである。

そうした観念がどうやら現代の登山者に乏しいのは残念である。

ある時、私は日本アルプス走縦《(ママ)》中に、郵便の受附を計画したことがある。走縦中にどうしても手に入れたい郵便なのであった。

色々計画を立てた挙句、私の泊っていた対山館の者に頼んで、もしもその郵便が来たならば、双六谷方面へ登る人に托《たく》して、その途中の、これこれの岩の上へ、空鑵《あきかん》に封じて置いてくれるようにと話して出発した。手紙を封じた鑵の置き場所を明示しておいたことは勿論である。

さて私が予定の行程《コース》を辿って、その半ば以上を過ぎた頃、かねて知合いの人夫に出遇《であ》った。遇うと直ぐにその人夫がいった。

「やァありましたよ。先生のお手紙が鑵にはいって、ちゃんと岩の上に載っておりました」

それを聞いて、それでは巧くいったかと内心大いに喜んでいたが、それから三日の後に、かねて対山館の者にも明示し、人夫も知らせてくれた場所まで行ったけれど、岩の上にも何処にも私あてのその手紙を見出すことはできなかった。

途中で遇った人夫まで、確かに手紙の置いてあったことを告げてくれたのだから、ないはずはないと思って一生懸命になって探したが、遂にその鑵入りの手紙を見出すことはできなかった。

察するに誰かの悪戯《いたずら》で失われたものとよりは解しようがない。

またこういうこともあった。

荷物や日取りの関係で、食糧の主要品たる米だけを、先に持って行って置く必要を感じた時のことである。例の小林喜作の息子に二斗の米を持たせて、行けるだけの遠くまで行って、その米を油紙に包んで路傍に置いて、其処へ何か目じるしをしてきてくれと頼んだ。私の頼んだ通りに喜作の息子は米を置いて帰ってきて、そしてこれこれの道筋の岩の上へ置いてきましたという報告だった。

それではよしというので、私たちも間もなく出発した。喜作の息子の報告した場所の傍《そば》まで来ると、成程目じるしの棒が立っていて、そこへぶらさげた紙片《かみきれ》に、「向こうの岩の上に米あり」というようなことが書いてある。

行って見ると確かに油紙に包んだ米があった。

これは無事に行った方の例であるが、尤《もつと》も二斗の米では、手紙入りの鑵とは違って、悪戯もし悪《にく》かったろうし、どこかへ運んで行くには相当に荷厄介な重量を帯びていたせいもあるかも知れない。

人の行かない初めての山へ入る時には、私は必らず道の要所要所へ小石を三つずつ積上げて行くことにしている。それは一つには自分のための心覚えでもあるが、また一つには他の登山者のことも念頭に入れてのことである。

石が三つ積み重なるということは、自然には殆どない。だから他の登山者がその石を見れば、ははァ誰かが此処を通ったな、してみるとこの道を行けば何処かへ出られるな、というようなことも考えられるわけで、ちょっとした道標《みちしる》べになろうというものである。道に迷った時などは、こうした道標べがどれ程役に立つか知れないのである。

石を積んで行くのでなしに、途中の草木に鉈《なた》を入れて行くのも一つの方法である。

鉈の跡を見れば、それが去年入れた鉈の跡か、それとも今年入れた鉈の跡かが直ぐわかる。そこでもし去年の鉈の跡ならば、去年はその道を誰か通ったが、今年はまだ通った容子がないというような判断もついて、それによってさまざまな便宜の得られることがあるものである。

いずれにせよ、山では常に他の登山者の便宜ということを忘れないように心懸けて欲しい。山岳道徳といっても、何も難しいことをいうのではない。互いに登山者同士が相助ける精神を養っておきたいものだというだけのことである。

外国篇

ロッキー

グランド・キャニオンの壮観

アメリカのロッキー山脈は、途方もなく長いもので、北はカナダから始まってアメリカの西部を貫き、南米にまで及んでいる。とはいえそれは一つの尾根になっているというわけではなく、高低も一様ではなく、なかには茫々《ぼうぼう》たる高原なども挟まり拡《ひろが》っていて、複雑している。

何しろそういう山だから、山といっても、日本で行われているような登山流儀で登ってみようなどと考えても、それは出来ることでもなし、また無用のことでもある。

例えば海抜七八千尺にも及ぶ広大な高原がある。行けども行けども人家などはない。水を手に入れる場所もない。そんな所ではどうにも宿泊のしようもない。

また例えばヨセミテの断崖にしても、高さ三千尺にも及んでいるのだから、穂高の断崖を登るとか何とかいったようなわけに行くものではない。それを登ろうなどという考えはただ滑稽なだけのことといわなければならない。

ロッキーの高山美を観賞するには、一切乗物の利用によるのである。東西にわたって鉄道の主線が約四本、南北にもまた幾本か通じているから、鉄道以外には諸方に自動車道路が通じているから、何処へ行くにも不便はない。

風色の優れた所は殆ど尽《ことごと》く国立公園になっている。その代り閑却されている無人の地方となれば、誰からも顧《かえりみ》られることのない全くの無人の境である。

そんなわけだから、何処かへ道を作るといえば、それは初めて作る道なのである。しかも道を作るとなれば、自動車の通行を主な目的として作るから、日本の山道などとは比較にもならない立派な道が作られる。そして一旦道が出来上ったとなれば、日本のように雨が多くないから、破損することが少ない。だから何処へ行ってみても、立派な道が通じている。

道が完全しているから、ロッキーには自動車の旅を試みる者も多い。そういう人は自動車の内部《なか》へ寝ることのできるように設備した上に、日用必需品から炊事道具まで備えつけて行く。つまり自動車を家として旅するのである。

女連ればかりで自動車を運転して旅しているような連中に逢うこともある。写生の帰り道で、通りがかった自動車の主に、乗って行け、といわれて乗せて行って貰ったことなどもある。

グランド・キャニオン付近のキャニオン・リュッセは、如何《いか》にも風変わりな一区画を成しているところであった。ギャロップ停車場で汽車を降りると、駅の附近の宿屋の亭主が自動車の世話をしてくれる。その自動車で行くのである。

近くにインデアンの部落がある。キャニオン・リュッセを見物するには、そのインデアンに頼んでインデアンと一緒に起居しなければならないようになっている。自動車は入口で、客を降すとまた引返してしまう。そして後刻また迎えに来てくれるのである。

そこの岩は奇抜な程真赤な色を帯びている。岩の中段には昔インデアンが住んだ跡だという岩室などが見える。いかにも物珍らしい風景である。河原はすっかり乾燥している。が、試みに少し掘ってみると水が出てきた。河原はやっぱり河原だけのことはあるなと思った。

私はロッキー山脈を前後四回越えているが、東海岸から向って汽車が五千尺のデンバーの高原に差しかかった時には、その大陸的な窓外の風景にはいささか呆然たるの感があった。それはミシシッピイの平原からメキシコまで一滑りといった具合に、果てしもなく茫漠と続いているのであった。高原の玉蜀黍《とうもろこし》畑に汽車が差しかかると思えば、一日じゅう何処まで行っても玉蜀黍畑が尽きないという有様である。

その時は私はエステス・パークを最初の目的地として行った。エステス・パークには総《あら》ゆる設備が整っていた。相当な宿屋もあれば、テニス場、ゴルフ・リンクなどもできていた。

恰度《ちょうど》エステスの中心に聳え立っている山が、ロングス・ピークである。見事な断崖の懸《かか》った山であった。私はその山の麓まで登って行って、そこの山のホテルに泊まった。

「コロンバイン」という高山植物の名をそのまま名づけたホテルであった。建物は幾棟にも分かれていて、一棟に三四室ずつの部屋がある。そしてその一棟ずつにそれぞれ応接間の役目を帯びた部屋が設けられていて、そこには附近の石を集めて積上げたと思われる暖炉ができていた。その暖炉でどしどし火を焚くのであるが、その感じが如何にも山のホテルらしくて気持ちがよかった。

私が行ったのは恰度新芽の季節であった。附近の樹木が一斉に新芽を吹き出していて、皆一様のその色がとても鮮かであった。日本と違ってその附近一帯の樹木が尽《ことごと》く同一種類であるために、新芽の色もただ一色をなすりつけたようで、却《かえ》ってそこが面白かった。

その辺は冬は雪に埋《うず》もれるらしかった。ホテルもその季節には閉ざされるのだということであった。

デンバー高原の南方に当たるコロラド・スプリング〔コロラド・スプリングス〕には、一万四千尺のパイクス・ピークが聳えている。その山には登山電車も通じていれば、自働車道路も通じている。稀にはその自働車道路を徒歩で登る人もあるようである。

そこへ私が登ったのは、ロングス・ピークの麓を去って間もなくの初夏の候であったが、気候はかなり寒かった。画筆《えふで》を握っている指が凍えてくる程であった。青空が見えているかと思えば、忽《たちま》ち雲が群《むらが》ってきて、ハラハラと吹雪が舞い始めるかと思えばいつのまにか吹雪が止んで、また青空が覗いている。

頂上には勿論雪が積っている。雪の上に陣取って私は写生の筆を動かすのである。その展望美は流石《さすが》に大陸的な堂々たるものであった。半沙漠状態の茫漠たる大平原が眼下に拡《ひろが》っているのである。茶色に緑の斑《ふ》のある平原とでもいったらよかろうか。茶色なのはつまり半沙漠だからである。そしてそこに点在する緑の斑が草木《そうもく》の色である。

写生が終った時に、いつもの山歩きの例を破って、少し急いで歩いたら、やっぱりいけない。忽ち烈しく動悸がしてきた。何といっても一万四千尺の頂上なのだから、空気も稀薄である。急いで歩いたりすれば動悸が烈しくなるのも当然のことであった。

空気の稀薄といえば、私が富士山に籠って画を描いていた時には、前の章にも述べたように、八合目に宿泊していて、毎日頂上へ画を描きに通ったのである。だからその時、空気の稀薄なことには、しまいには大分馴れてきたなと自分でも分った。そういう経験を持った私だったが、それでもパイクス・ピークの頂上で少し道を急いだら、忽ちそんな具合になった。山では決して急ぐものではない、とその時もつくづく感じたものであった。

リュッセでもそうであったが、この辺にも真赤な岩が非常に多い。ずっと南アリゾナ附近までかけて、赤い岩が大分眼についた。

赤い岩ばかりが立っている神の庭《ガーデン・オブ・ぜ・ゴット》という名称を与えられた場所などもこの山の近くにある。そこには赤い岩で出来た天然の門などもあって、甚《はなは》だ奇観であった。

有名なグランド・キャニオンは、アメリカでもぐッと南部に寄った方で、あの辺は一帯に半沙漠状態の曠野《こうや》である。樹木も稀には生えているが、植物といえばしゃい、ぼてんか、さもなければ恰度日本の箒草《ほうきぐさ》のようなものが、まだ青いのや枯れ果ててしまったのが其処此処に見えるくらいのものである。それというのもその辺一帯に雨が少なく、水が乏しいからである。

そうした曠野の中を通過して、グランド・キャニオン・ルートの鉄道がグランド・キャニオンの頭の所まで通じている。しかしそこまで来るのは僅《わず》かに一二台の客車だけで、その他の列車は途中からグランド・キャニオン行きの客車を切離して、幹線になっている別の方向を差して行ってしまうのである。

エルトヴァという宿屋が一軒その高原の端に立っている。

一体にグランド・キャニオンへはその日帰りの見物客が多いが、私は画を描きに行ったのだから、そう直ぐに帰るわけにはいかない。そこでエルトヴァに滞在した。恰度九日間私はそこに暮らした。

雄大というべきか、偉観というべきか、グランド・キャニオン程日本に類のない、説明のし悪《にく》い風景はない。

グランド・キャニオンはちょうど宿屋のエルトヴァの立っている直ぐ庭先から始るのである。つまり海抜七千尺の茫々たる高原がそこで尽きて、一大断崖を成して、対岸の断崖と共にグランド・キャニオンを差挟んでいるのである。対岸の断崖の上からは、再び高原が始っていて、それは此方側よりも、更に一千尺高くなっている。そして対岸まで十三哩《まいる》を隔てているのだから、その規模の宏大さも推し量れよう。

対岸まで十三哩あるその大きな谷間に添うて、谷間の中央にまた大きな山が幾つとなく並んでいるのである。そしてそれ等の山の側面には、同一様の横筋の層が重なっている。一つの山が尽きても、また肩を並べた隣りの山の側面に、同様の横筋の層が現われている。そうした山々が長さ五百哩にわたって連なっているのである。

山の測面の層は赤黄色の岩である。それと砂或いは泥の層とが水平に積重なっているのである。そしてそれが大きな階段状に段を成して下方に降《くだ》っている。下には川が流れている。

腹面の層は同じでも、山の形は大小種々雑多である。その形から、それ等の山の一つ一つには、アイシス・テンプルとかブダ・テンプルとかピラミッドとかコロネードというような名前がつけてある。

エルトヴァの庭先に据えてあるベンチに腰を下すと、そうした雄大にして奇異な風景が一望のもとに収められる。いずれも相当に大きい山々ではあるが、それが此方側から総て眼下になっていて、その背後《うしろ》遠く遥か彼方には、対岸の高原の緑がかかった水平線が眺め渡される。赤黄色の山の層は、遠くなるに従って次第に色が霞んで褪《あ》せて見える。

その高原から対岸かけて、一面に雲に蔽われることがある。その雲に夕日が反映する時の光景は、また特殊な美しさを持っている。夕陽を浴びている側は黄色く明るいが、陰になっている部分は沈んだコバルト色で、その色彩の対照は筆舌に尽せない妙趣を帯びている。

雲が冠《かぶ》さってくると、忽ちにしてチラチラ雪が舞い落ちてくるようなこともある。

どうかすると、高原の平面のすぐ上までも低く雲が降りてくることがある。そんな時には雲の下からグランド・キャニオンを覗き見るといったような感じがしてくる。雲が晴れれば空は青い。高山の空である。

この付近には、皮のテントを作ってインデアンが大分住んでいる。そのインデアンがエルトヴァの庭先で、インデアン・ダンスなどを踊って見せてくれる。旅の眼にはそれも物珍らしい。

ヨセミテ・バレーの数日

ヨセミテ・バレーは谷というよりも、川に臨んだ断崖の対立といった方が分かりが早かろう。川を挟んで両岸に、一枚岩の絶壁が屏風《びょうぶ》のように屹立《きつりつ》している。様々の断崖があるなかで、わけても聞こえているのは高さ三千尺のエル・キャピタンである。文字通りの断《き》り立ったような絶壁である。

その裾に道が通じていて、自動車の上からエル・キャピタンを仰ぎながら通って行く。エル・キャピタンが余りに高いのと、長い間見上げているのとで、しまいには首筋の骨が痛くなってしまう。

様々の断崖にはそれぞれに名前がつけてある。ヨセミテ・ヴァレーの断崖の名前は、いかにもその形状をいい尽している感があって興味が深い。キャセドラル・ロック（岩の伽藍《がらん》）という断崖には、尖塔のように突立った岩が幾本も並んでいる。

ヨセミテ・ヴァレーのエル・キャピタン附近（口絵参照）

それは外国の大寺院の伽藍の形そっくりである。

センチネル（哨兵）という断崖がある。それは哨兵のように厳然と直立している。ハーフ・ドーム（半分の円屋根）はその断崖の岩の頭が、お椀を真二つにしてそれを冠せたような形になっている。ノース・ドーム（北の円屋根）は北側に聳《そそ》り立った、頭に完全な円屋根状の岩を戴いた断崖である。また彼方にはグレシァ（氷河）・ポイントが眺められる。

断崖の下には静かに水が流れている。しんとして静まり返って流れている。水も澄んでいて、ヨセミテ・ヴァレーを流れる川として、充分にその面目を保っている。

断崖には幾つかの滝が懸っている。

風が吹くと、水がサッと霧のように流れ飛ぶ滝がある。その名がまた面白い。ブライダル・ヴェール（花嫁の冠るヴェール）というのである。いかにもその感じを出している名称である。

しかし滝の代表的なものはヨセミテ・フォールである。中段でちょっと岩角にぶつかるが、ほとんど途中何の妨げもなしに、一落ちに落ちこんでいる。中段で岩角にぶつかる所まででも二千尺近い高さである。これに比較すると華厳の滝などは物の数でもない。

川を少し逆上った奥にあるネヴァタという滝も水量の多い点で、壮観を極めている。

ヨセミテ・ヴァレーには宿屋が二軒ある。宿屋といっても普通の宿屋とは大分趣が違う。丸太作りの、そういう場所に適《ふさ》わしい建物である。しかし其処では食事を執《と》るだけで、寝室は別にある。

川に臨んだ森の中にテント村がある。無数のテント小屋が樹間に立っているのである。つまりそのテント小屋の一つ一つが寝室なのである。テント小屋といっても、ちゃんと床も張ってあるし、ストーヴも備えてあれば、窓もあるし、洗面所もある。そして朝ごとにボーイがストーヴの火を焚きに来てくれる。テント小屋の一つ一つには番号が打ってある。湯殿と便所だけは、丸太作りでもなければ、テント張りでもなく、ちゃんとした半永久的な建物である。

夜になると、テント住居《ずまい》の人々が集って、お祭りのように赤々と炬火《たいまつ》に火を点《とも》す。その灯りの中で舞踏《ダンス》が始まる。ダンス場のための板敷きがかねて森の中に設けてある。素人芝居などが森の中で催おされることもある。見物人のためには、皮を剥いだ樹木が横たえられている。それがつまり椅子の代用になるというわけである。時には探険隊を組織して、案内役に立つ指導者《リーダー》もいる。探険隊というとひどく大袈裟だがヴァレーの各所に入り込んでいる支脈の峡谷へ出かけて行くのである。

夜になると、グレシャ・ポイントの頂上から火の滝を落す。それを見物するために、テント村の連中は自働車を雇って出かけて行く。無数の、火に燃える炬火が断崖の頂上から落されるのである。

その火が岩にぶつかって、ぱッと火花を散らして飛び立つ。我々にとっても勿論美しいが、いかにもアメリカ人が喜びそうな趣向である。火の滝の落ち始める前には、極めて静かな曲のヴァイオリンを掻き鳴らすものなどがいる。見物人の胸に、いやが上にも情緒を注ぎ込もうとする積りなのであろう。

ヨセミテからは、シエラネバタ山脈へも自働車道路が通じている。その途中には各所に山小屋めいた食堂や宿屋が建っている。何処へ行っても便利よく出来ている。そんな山の中にも拘《かか》わらず、食事も相当の御馳走が喰《た》べられる。

ヨセミテからの順路に、大木で有名なセコヤ〔セコイア〕・ナショナル・パークがある。ウイグリー・ジャイアントと名づけられた大木のことなども覚えている。世界第一の大木というのもここにある。セコヤは殆んど樹木ばかりの公園である。木の幹をトンネルのようにくり抜いて、そのトンネルの中を自働車や馬車が通過するようになっているような所もある。

以《もっ》て如何に巨大な大木が突立っているかも、略々《ほぼ》想像されよう。

ヨセミテから北方に当って、シャスター〔シャスタ〕という山が聳えている。この山は多少日本の山に似ている。頂上には氷河が懸っている。山は多少日本的だが、麓の周囲はいうまでもなく極めて大陸的である。

私は山の麓に近いシソンという駅の傍らの宿屋に泊ったが、その辺一帯に牧歌的なのんびりとしたスイートな気分が漂っている。至って鄙《ひな》びた草原である。牧場になっている。その草原のそこここに、チラホラと田舎田舎した人家が点在している。

クレタ・レークの熊

ロッキーを更に北行すると、クレタ・レーク〔クレーター・レイク〕がある。山の上の火口湖である。といっても高さはたいしてない。日本の十和田に似ているといった人があるが、多少そんな所もある。

湖水に臨んだ断岩が極めてあらわに露出している。水は静寂である。青々として、余程深いらしい。

青いといえば、私はあんなに青い水の色をほかで見たことがない。クレタの水はどうしてあんなに青いのだろう、というような疑問も起こって、学者などが科学的に調査したこともある。

だがこれは色の問題だ。色彩の問題ならば科学者よりも画家こそこれを説くべきであると考えて、色々に私は考察してみた。湖水の周囲は一帯に明るい赤黄色の岩である。そこへ日光の光線が極めてよく反射する。そして深い水がその下に湛えられているのである。

つまりその岩の色彩と対照的に、静かな深い水の色が一層その青さを、見る人の視覚に強く映じさせるのである。そう私は断案を下した。何も科学的な理由に起因しているわけではなく、色彩の対照から、そんなに青ずんで見えるに相違ないのである。今も私はそう信じている。

湖水の中には小さな島があって、その島にもまた小さな火口の跡が残っている。湖面にはまたファントム・シップというような岩が浮かんでいる。

湖畔の傍《そば》に森林がないので、湖水全体の感じが非常に明るい。湖水を繞《めぐ》って、自働車道路が一周している。自働車道路の途中には、広々として明るい気持のいい草原なども拡がっている。

クレタ・レークの外側は森林である。その辺は展望美からいって申分がない。

森林の中には野生の熊が棲息している。日本で見るのと同じような熊である。野生といえば物怖ろしく聞えるが、野生は野生でもすっかり人に馴れている。誰に対しても、写真を写せる程度の距離までは近づいてくる。

この森林の中に国立公園の事務所がある。時折野生のそれ等の熊が、のっそり台所などへ這入《はい》ってくる。料理番がパイなどをやると、喜んで喰べている。うっかりしていると、いつのまにか部屋へ這入り込んで、ソファの上などへ寝そべっているようなこともあるそうである。

それらの熊の一匹一匹にそれぞれ名前がついている。私の知っているので、バスターという熊があった。アメリカで、バスターは悪戯小僧の名前ということになっている。

ところが翌《あく》る年再び行ってみたら、そのバスターが自分の子供を連れて来ている。

「こいつはいかん。雄熊だと思ったら、いつのまにか子供を生んでいる。雌熊にバスターという名前じゃおかしいですね」

そんなことを事務所の人に話しながら私は笑った。

「そうですよ。熊というやつは恰好を見ただけでは男か女か分からないものですから、私も此奴《こやつ》を男かとばかり思っていたのです。けれども今更名前を取変えてもどうかと思うので、やっぱり今まで通りバスターと呼んでいます」

事務所の人もそう言って笑った。

カナダ寄りの風趣

コロンビア川に沿った気持ちのいい立派な道を、自働車を疾駆させて私はマウント・フッドという山に行った。山にかかると、幾らか道も悪くなるが、大体に於《おい》てそれが高山の登山道だとは信じられない程完全な道であった。途中の眺望にもなかなか優れた所が多かった。

丸太作りのクラウド・キャプインという宿屋に私は滞在した。宿のある場所はたいして高くない。高山帯の樹木がやっと矮小になってくる程度の高さである。そこから中腹まで私は徒歩で登ったので、久しぶりで多少日本風な登山気分を味わうことが出来た。

頂上は岩山である。そこには測候所があって、山火事の観察というようなこともやっている。

山火事についていえば、ロッキーの北部には屢々《しばしば》大きな山火事が起こる。それだけ大森林も多いということになるし、人里離れた広大な場所が拡がっているからだということにもなろう。

山火事というと、地域が広く水に乏しいので、どう手の下しようもないので、燃えるにまかせる。稀には町の近くまで燃え拡がってくるようなこともあって、そんな時には大騒ぎになる。私自身自働車を走らせている時に、車上から遠く燃え募っている山火事の光景を眼にしたことも再三にとどまらない。

マウント・フッドの附近には、さらにジャクソン、マウント・アダム、マウント・レニア等の山々が聳えている。

マウント・レニアは、その気になって見れば、どこか富士山の形に似ていないこともない。そこで日本人はそれをタコマ富士などと称している。豪壮極まりない氷河が懸っていて、偉観である。

裾の方は一帯の草原である。そして其処此処《そこここ》に、松の一種ではあるが杉のように高く伸びた樹木が幾本も並んでいる。ロッキーの北部を飾る樹木は、何処へ行ってみてもこれと同じ種類のものが多い。

草原の緑色の上には赤色の高山植物の花が点々としている。インデアン・ペント・ブラシという名の花である。摘み採ってみると、恰度赤いブラシのように房々になっている。

普通ロッキーの踏破は、北部は鉄道でバンクーバーに出るのが順路であるが、私は半ば旅の気紛《きまぐ》れから、カナダの辺鄙な国境地方を迂回する鉄道へ乗った。もちろん支線で、一日一回しか通らない上に、日曜日不通というような汽車である。

私の泊まったのは人家も稀にしかないような辺陲《へんすい》の地であった。そこは最早カナダ領である。

ロッキー見物の客は殆どそんな所へは行かないのであるが、風景はどうしてなかなか軽蔑できない優れたものであった。山脈に挟まった長い静かな湖水が横わっている。水量の多い美しい湖水である。車便が悪いので、汽車を待つ間の時間潰しに、附近の滝見物などにも出かけて行った。

一体にこの辺かけてカナダ領のロッキー中には、優れた湖水が多い。それ等幾つ

カナダ、ヨーホー瀑布（原著は単色口絵）

アッシニボーン（原著は単色口絵）
北米カナダの槍ヶ岳とも呼ぶべき山で、氷河に
映っているその様はまるで油画そのままの感がある

かの湖水の優れたものは、ルイズ湖、モレン湖などであろう。

ルイズ湖の宿屋の前は直ちに山の断崖になっていて、そこに、宿屋の真正面に、大きな氷河が人目を欹《そばだ》たしめるように落ち懸っている。

ルイズ湖はその山の雪解けの水を湛えた湖水である。雪解けの水だから、その色も緑がかった落着いた大変気持ちのよいものであった。湖水の畔にも断崖が懸っていた。また他の方角を歩いていても、木の間からチラチラ光る小さな湖水が覗いたりしていて、非常に特色のある地方である。

ルイズ湖の北方には、ヨーホー・フォール〔タカカウ滝〕という形のすぐれた有名な瀑布もある。

モレン湖は周囲に十の断崖が聳えている。そのために日本離れのした湖水美を漲《みなぎ》らせていた。

これからさらに行って、バンフという温泉にも私は泊った。私は別段温泉が好きという程ではないから、温泉そのものには興味もなかったが、宿屋はなかなか感じがよく、客扱いもよかった。だがこの辺の山々は雪がないので、余り大きく見えなかった。その先にはマウント・アッシュニボーン〔アシニボイン〕という山があった。この山にはホテルがないので、泊まる人はテントの携帯が必要である。

世界の大公園イエロー・ストーン

最後にイエロー・ストーンに就いて説く。

此処もまた日本に類例のない奇異にして雄大な趣を随所に満している。イエロー・ストーン・パークの一区画に入るには、入口は幾つかある。然しいずれの口から入るにしても、パークの中を通過して出るまでには四日間を要する。自動車の都合もあるからだが、それにしてもその広いことが想像されよう。

私はマンモス・スプリングの方から入った。マンモスという名前でも想像できるように、その辺には巨大な断崖が懸っている。その断崖が白いような青いような複雑した奇妙な色を帯びているのである。そこへ温泉の湯がダラダラと流れているのである。

私はイエロー・ストーン中のグランド・キャニオンを滞在場所とした。その傍《そば》に大きな滝が落ち込んでいる。なにしろそこは千尺の断崖であるから、滝の大きいのも当然といわなければならない。

その断崖面がまた血のような赤い色や、黄やオレンジで色彩《いろど》られている。

イエロー・ストーン行きの鉄道の広告で、ヨネ・ノグチがイエロー・ストーンを歌ったこんな詩を見たことがある。

「私の国の日本は日の出の国と呼ばれている。とすると此処は日没の国でもあろうか。成程此処の岩の上には過去の日の夕陽《せきよう》が発見される」

と先ずいったような意味の詩である。

つまりこれはイエロー・ストーン・パークの断崖の色彩の感じを歌ったもので、如何にも夕陽の色が染み込んでいるといった感じを帯びている。

高山はたいしてない。多くは森林である。

ある日、例の滝を前にして画を描いていると、向うの森林の一端にむくむくと黒雲が蔽い冠《かぶ》さって来た。さては雨になるぞ、と思っている中に忽《たちま》ちにして滝の上へも霧が罩《こ》めてきた。

そこで早々《そうそう》にして画布《カンバス》を畳んで立上がると、早くも猛然たる烈風が横なぐりに吹きつけてきた。それと同時にどッと雨が降《お》ちかかってきた。やむなく物蔭に駆けこんで、風雨の過ぎるのを待ったが、一瞬にしてそれは去った。空を仰げば何事もなかったかのような済まし返った晴天である。襲来してくるのも実に早いが、晴れるのもまた早い。

それから森林を抜けて、宿屋へ向って帰って行ったが、その途中におよそ十本余りの大木が、根こそぎ捻《ねじ》り倒されているのを見て、私は思わず一驚を喫した。今の迅雷的《じんらいてき》な強風のために倒されたのである。

木曽の御岳で強風に吹き倒された樹木を見たことは先に述べた通りであるが、そこで見たのは御岳のものなどとは比較にならない程の大木なので、それだけ私の驚きも大きかった。

宿屋に帰って見ると、森の中の自分のテント小屋も無残に圧潰《おしつぶ》されていた。ヨセミテと同様ここにもテント村が森の中に設けられていて、客はテント小屋に眠るのである。

変わっているのは此処では、学生が学校の休暇を利用して給仕に来ていたことである。男も女もいるが、給仕は尽《ことごと》く学生であった。

ガイサー〔ガイザー〕はかねて想像していたよりも大分小さかった。定期的に、また不定期的に、噴泉のように湯が噴き出すのであるが、その周囲にはベンチが据えてあって、見物人はそれに腰を下して、湯の噴き出すのを待つのである。

最初は地面の上低くブクリブクリと頻《しき》りにやっている。その中に次第次第に噴き出す湯の高さが高まって行って、はては噴泉そのままにさッとばかりに空へ向かって奔騰するのである。

だが眺めとしては、ただ綺麗なだけのことで、たいして感情に触れてくるといったような素晴しいものではない。

噴出の止む時は、始る時の逆に、次第次第低くなって行って、遂に全く地の上から影を没してしまうのである。

ガイサーの数《すう》は甚だ多い。そのうちで、定期的に噴出するものではオールドフェースフル・ガイサー、不定期的なものではジャイアント・ガイサーなどが最も知られている。

定期的のオールドフェースフル・ガイサーなどには、今度は何時何分に噴出する、というような掲示が出る。そこで見物人はその時刻を見はからって、出かけるといった具合になるのである。

イエロー・ストーン・パークの森林にも、クレタ・レークのように沢山の野生の熊が棲息している。そしてそれが人に馴れていることもまたクレタ同様である。

自動車でガイサーから湖水の方へ行く途中では、きまって森林の中からのそりのそり出てくる熊にぶつかる。そこで其処を通る人達は、予《あらかじ》め宿をたつ時に、お茶に入れて飲む筈の砂糖でも、それを取っておいてポケットへ入れて持って行く。そして熊の姿が現われると、自動車を止めて、その砂糖を熊に投げてやる。熊は甘いものが好きだから、外目《よそめ》にも嬉しそうに砂糖を舐める。

甘い物に対する熊の嗜好は余程強いらしい。日本アルプスの山でも、熊が蟻の巣を掘り返したり、蜂の巣を叩き壊した跡がよくあるということを、私は小林喜作の口から聞いたことがある。つまり蟻の巣や蜂の巣に貯めてある蜜を熊が狙うのである。

イエロー・ストーンでは今いった道筋ばかりではなく、偶然通りがかった森の彼方で熊が戯《たわむ》れ合ったりしているのを見かけることも珍らしくない。

熊がこんなに人に馴れているのは嬉しいが、水牛なども政府で保護して、特に水牛を集めて置く場所の設置なども試みている。

日本でも日本アルプス中などに、そういった熊や羚羊《かもしか》類の保護地の設備でもしておいたらよかろうが、というようなことを時々考えることがある。

イエロー・ストーンは公園の内部ばかりではなく、その外にも風色優れた所が多かった。

大体ロッキーの代表的な場所として、以上の各所を挙げてみたのだが、必ずしも見事なのはここに記した所だけではないことは勿論で、自動車や汽車で行く道中でも、随所に高山美の現われを眺めることができる。

汽車が森林帯の間を疾駆している時に、森林の上高く懸っている断崖だとか、素晴しい氷河が眺められることもある。また例えばロッキー山脈を遂に出つくした辺りで、遠く鋸の歯のように、ギザギザと連峰が並んで見える光景などにも心を惹かれるような場合もある。

日本で如何《いか》に風景を雄大だとか豪壮だとか評してみても、ロッキー山脈で使用する雄大豪壮とは程度が違う。真の意味での雄大とか豪壮とかいう言葉の内容は、ロッキーにして初めて味得できると言うべきものでもあろうか。

アルプス

高山に配された湖水美

欧羅巴《ヨーロッパ》のアルプスへは前後三度登った。アメリカのロッキー同様此処も交通の便は相当によい。

瑞西《スイス》を中心に、伊太利《イタリー》、仏蘭西《フランス》、独逸《ドイツ》の諸国に挟まれていて、宛然《さながら》欧羅巴の大公園の観あるものが、つまりアルプスの連峰である。

高さは最高一万四千尺ぐらいだから、富士山などと比べてみても、さほど驚くべきものではない。

山中を過《よ》ぎって鉄道は諸方に通じている。シンプロン・トンネルとかセント・ゴサード〔サン・ゴッタルド（伊）〕・トンネルとかいう有名な大トンネルもできている。

道路はほとんど自働車で通行できるようになっている。が、現今のように自働車の発達しない以前には、馬車で往復したものである。

私が初めて登った時には、五頭立の馬車に乗った。前の晩に、前の腰掛にしてくれとか、後ろの腰掛がいいとかいって、腰掛の席を申込んでおく。馬車はチャランチャランと朗らかな鈴の音をたてながら登って行くのである。それは実に風情に富んだ、長閑《のど》かな馬車であった。

恰度日本の日光のように、道はうねうねと曲り曲って登っている。だから歩くとすれば、これも日光のように道を曲って迂廻《うかい》せずに、道から道へと真直ぐに突切って、近道をして行くことができる。

そこで時に歩きたくなったりすると、馬車から降りて、その近道を突切って、上の道の方へ出る。

馬車は迂廻してくるのだからまだ来ない。その馬車のくるのを待って、再び車上の人となって、更に馬車で道を進む、といったような、自働車の旅では思いもよらないのんびりしたものだった。

自動車の方が速力は早いし、便利は便利かもしれないが、馬車の頃の登山の方が遥かに趣あるものであった。私は遠く以前のアルプスの馬車を追懐して、限りない愛着と懐しさとを覚えるものである。

山中には湖水が方々にある。いずれも相当に大きな湖水で、日本の琵琶湖よりも幾らか小さいぐらいの程度のものが多い。水もなかなか済《す》んでいて綺麗である。一体に外国の山の水はどういうものか余り綺麗でないが、アルプスの水だけは例外である。とはいっても、日本の黒部川の澄み切った水などに及びもつかないことは勿《もち》論《ろん》である。

山中の湖水だから湖水はいずれも山に囲まれている。そして湖畔の山というものは、たとえ雪を冠っていなくとも、高さがそれ程のものでなくとも、極めて優れたよい眺めとなっている。それは湖水というよき点景を持っているからであろう。湖水があれば其処は低地である。従って湖畔には、自ずから町が開けているという順序になる。

ゼネバ〔ジュネーヴ〕湖畔には、ゼネバの町がある。この付近にはシロン〔ション〕城のような古蹟もある。

インタラクン〔インターラーケン〕の町の近くには、間で中断されて二つになっている湖水が並んでいる。

ルセルン〔ルツェルン〕の町も湖畔に臨んで立っている。ルセルン湖畔にはまたピラタス、リギといったような美しい山々が聳えている。高くはないが、高山美の観点からいうと最も手頃な山である。というのは余り高い山だと、却《かえ》って展望美が衰えてしまうような場合が多いからである。リギ、ピラタス共に、登るには、舟でルセルン湖を渡って、その麓へ達するのである。そして登山鉄道で登るのである。ルセルンから湖水を隔てて、リギ、ピラタスの諸連峰を望む気持ちは全く実感なしには想像できないほどの見事さである。世界に誇るに足る眺望美ということができよう。

コンスタンス〔コンスタンツ〕の町も湖水に臨んでいる。ライン川はコンスタンス湖に発しているのである。その途中にラインの滝が落ちている。この滝はアルプス山中でも最も美しい滝の一つである。

サンモーリズ〔サンモリッツ〕の町にも湖水がある。此処は世界に聞こえた画家のセガンチニの生れた所である。画室は小山の裾の池の辺《ほと》りに立っている。セガンチニといえばこの町では、神様のように尊敬されている。

これ等の湖水地方の風景は、その豪快さにおいてはザルマット〔ツェルマット〕、ユングフラウの壮観には及ばない。しかし湖水があるためと山々に懸っている氷河とのために、如何にも平和な高山に来ている感じがあって、居心地がよく心が和やかになってくる。
大体アルプスを大別すると、湖水地方と特に山岳が秀でて高い地方と、山を縫って通じている鉄道から外《は》ずれた地方とから成っている。しかし鉄道から外ずれた地方といっても、そこにはちゃんとした自働車通路が通じているから不便なことはない。

道がよく出来ているから、徒歩で登ろうと思えばそれも差支えない。
冬になるとよくスキーの一隊が、ユングフラウに近いグリンデンワルドやサンモーリズに行く。そしてユングフラウ・ヨッホからスキーに乗って滑っておりる。見ていると、スキーの跡に線を曳いて、遠く遠く遥かに麓の方までも滑って行く容子が実に壮快である。

日本アルプスの名は此処から取っただけあって、日本アルプスに似た風景は大分多い。ただ日本アルプスに湖水の美の少ないだけが欧羅巴のアルプスと違う。何といってもアルプスでは此方《こっち》の方が本元なのだから、いかに日本アルプスに優っていようともやむを得まい。

美峰ユングフラウ

アルプス中でも岩の露出の最も美しい、高山美に富んだ山はユングフラウである。ユングフラウとは独逸語で、若き女の意であるが、その名称から連想されるような優しい姿ではない。

美しいことは美しいが寧《むし》ろ豪壮である。

一万二千尺の地点まで登山電車が通じている。電車は、トンネルまたトンネルといった具合に、トンネルばかり抜けながら登って行く。私の最初に行った年に、後五年たてばクラインシャイデン〔クライネ・シャイデック〕から頂上まで電車を通すといっていたが、やっとヨッホまで通したばかりである。頂上まで電車を上げる意志は、今では全くないらしい。

ユングフラウ・ヨッホにホテルがある。岩を掘り抜いた場所にホテルが建っているのである。同じ場所が電車の停車場をも兼ねている。ホテルから直ちにエレベーターで停車場へ出られるようになっている。

だからユングフラウに登るには、お婆さんが子供を連れてでも行けるわけである。

風景の優れた所なら、大抵そういうように便利よく、総《あら》ゆる設備が整っている。屈強の男でなければ行けないというような場所は、行ってみたところで多くは詰らない。苦労をして行ってみる程の値打ちがないのである。

ユングフラウがアルプスの他の山々に秀でている大きな原因の一つとして、ユングフラウの雪と氷河の容子が極めて美しいということを挙げることができる。それと断崖の岩の露出の美しいこととは、確かにユングフラウの一特徴を成しているといえる。

ウェデホルン〔ヴェッターホルン〕・アイガーの名ある断崖の如きは、裾から頂上まで一気に聳《そそ》り立った雪なき一枚岩の絶壁を成している。

それと反対の西側の方も大きな谷になって、その断崖続きにはロッテルブルン〔ラウターブルンネン〕の滝が落ち懸っている。昔からよく画の題材に扱われている滝で、それだけ水も形も優れたものである。

風色としては、それ等の断崖の中段辺りに立って眺めるのが最も佳絶であるようだ。余り上へ登ると、断崖の面なども見えなくなってしまって、変化は乏しく、風色がかえって衰えてくる。

ユングフラウ（口絵参照）

絶頂まで登ればもちろん眼下の展望美が遮るものもなく展開されるであろうが、余りに寒気凛烈で、そんな眺めを楽しむといったようなことは実行性がないといってよろしい。そういう点は日本の山と大いに異るようである。

登山鉄道の通じている一番高い所は、クライネシャイデンである。眺めとしてはこの附近が最もよい。展望美も利くし、脚下にユングフラウ自身の断崖を望み、仰げば同じくユングフラウの氷河も眺め渡される。

恰度ユングフラウを飾る氷河の裾に当るのがその地点である。

ユングフラウのみに限らず、何処の山

でも其の程の眺めを私は最も好きである。余り高く登るばかりでも風景はよくなるとは限らないのが普通である。

そこに立って仰ぐと、氷河の美を遺憾なく味わうことができる。

眼の上に、シルヴァーホルンという三角山の尖っているのが見える。クライネシャイデンに立てば、その氷河の厚さまでも側面からはっきり観取することができる。

氷河は透き通るような、緑がかった色を放って、悠然と懸っている。時にその断崖を、弛《ゆる》んだ積雪が、水が流れ落ちると同じように、滝になって落下する。それもまた壮観な眺めの一つである。

この辺一体気象の変化が甚だ多いので、その折々に眺めも変化するわけだが、そのいずれということもなく常に無限の美を楽しむことができる。

が、わけても忘れがたいのは、氷河の斜面が赤々と昇天の太陽の光線に染め出される夜明間際の眺め時である。一切はまだ深く眠りに落ちている。山々もまだ眠り醒めないように思われる。絶対の静謐と神秘とが天地空間を占めている。

その時、そっと山の眠りを呼び醒ますかのように、紅の朝日の光が氷河を流れ始める。と見るまにその色の濃度が加わって、世にも鮮やかな紅色《こうしょく》の氷河が現出するのである。

もう一つ忘れ難いのは雨上りの美観である。今までの雲が見る見る何処へか消え去って、目に沁みる程もくっきりと、氷河と断崖の線と色とが眼の前に描き出される。それは線と色との高山美の極致である。

ユングフラウから山を越えて走っている鉄道に乗って、メーリンゲン〔マイリンゲン〕で下車すると、ユングフラウに連るエンゲルバーグ〔エンゲルベルク〕に行くことが出来る。その道は徒歩でもさほど困難なことはない。

エンゲルバーグは風景としては、ユングフラウなどよりは落ちるようである。先ず二流の風景と言わねばなるまいかと思うが、此処まで来ると、アルプスも随分山深く分け入った感じがしてくる。此処までは日本人も余り来ないようである。

山はなかなか高峻の気を帯びているが、谷間が広くないので、遠望の美には乏しいと言ってよい。

しかし瑞西では、そんな山奥の宿屋でも、客扱いがよく、親切を極めているから、実に居心地がいい。ホテルの経営の巧みなことは世界でも瑞西人にかなうものはない、といわれているが、客に対する行届いたその親切さを見れば、成程ホテル経営の巧妙さの秘訣はここにあるのだなと頷かれる。

瑞西のアルプスでは、世に名だたる名山と、その反対にごく平凡な山との両方に鉄道が通じている。

平凡な山というのは、なかなか面白い思いつきで、その目的とするところは、山それ自身は観賞の価値に乏しくとも、つまりその山の高い部分から、相対する名山を眺望しようというのである。

登るよりは眺める方に美の多いことは先にも説いたが、瑞西人はその意味をよく会得しているのである。されば登って楽しむことも可能だし、眺めるにも申分ないといったように、両途の鉄道を敷設しているのである。

ユングフラウを眺望する美観を味わうに最もよいシニック・プラット〔シーニゲプラッテ〕の鉄道の如きがそれである。その鉄道によれば、ユングフラウ全山の美観を我が物にすることのできるのはもちろん、遥かの湖水までも手に取るように現われてきて、眺望を恣《ほしいまま》にするには申分ない地点を走っている鉄道である。

アルプス中でも、ユングフラウ附近の風景が最も佳絶を極めているというのは定評であるが、ユングフラウ附近から他の地方へ行って見ると、その意味がよく分かる。

ユングフラウ以上の高い山はある。またユングフラウに匹敵する氷河や谷間もあろう。しかもユングフラウに於けるほど、その美観特徴をはっきり視覚に収めてこれを楽しみ得るといったような場所は他の何処にもない。

それほどユングフラウ附近では、高山美を遺憾などの方面からでも味得できるように、充分の注意を払って総ての設備が施されている。総ての条件が実によく備わっているのである。

例えば仏蘭西領のシャモニー〔シャモニ〕のモンブランであるが、これはアルプスの最高峰であるにもかかわらず、その美観に於いては遂にユングフラウに一籌《いっちゅう》を輸《ゆ》するといわなければならない。

仏蘭西人が瑞西人ほどアルプスに対して意を用いていないということにもなるが、それだけの高峰をどこからも完全に眺めることができない。それにその高峰の裾は谷になってはいるものの、大きな岩石が里の近くにないために、断崖美、岩石美を味わうということも容易でない。

モンブランの一部〔シャモニ針峰群〕(原著は単色口絵)　モンブランは一望全山を見る処がない、而して山頂は平凡なる雪の山で、雪線の断崖が非常に奇抜である。

鉄道に乗って行っても、折角の高峰の頂上を、充分に眺めるというわけにはいかない。そうかといって離れて眺めるには、ユングフラウのようにこれと相対した山に、鉄道が敷設されてもいない。

とはいえ、モンブランを眺めるには、やっぱりこれと相対した山に登るのが最もよいようである。しかもそれといっても、大分上まで登らねばならないので、相当に骨の折れることは覚悟の上で行かねばならない。

氷河のメルド・グラス〔メール・ド・グラス〕に向って通じている鉄道も、氷河の美を味わうには最もよい位置を走っているが、モンブランの大観を望むには充分適当とはいい難い。

その氷河にしても、中段の絶壁はなかなか面白い形を成して懸ってはいるが、ユングフラウの氷河ほど大きくはないから、多少見劣りのするのは致し方がない。

だが仏蘭西人も次第に瑞西人のように、アルプスの高山美を味わうことに留意せねばならないということに気がつき始めて、六年程以前からモンブランの大観を味得するための登山鉄道を、前面の山に敷設することを計画し始めたから、それが完成した暁には、もっと容易にモンブランの壮観に接することができるようになるであろう。

しかし何といってもモンブランの頂上は、のっぺりとした雪の山だから、奇抜な線を見いだすというようなことは出来ない。そういう点でもユングフラウの第二位に落されねばならない。

マッターホルンの険

ユングフラウを中心とする連峰の一団から、もっと伊太利寄りに、ザルマット

〔ツェルマット〕高峰の一団がある。この地方はある意味ではユングフラウ以上とも思われる程の特色ある高山美を発揮している。

ザルマットに達するための鉄道の終点はザルマット村である。村には多数のホテルが経営されている。民家には瑞西特有の丸太小屋が多い。屋根の上には、天然に割れたままの山の石を並べている。そうした丸太小屋の家々の眺めも感興が深い。

その鉄道の終点から、更に山の中腹の雪の線上まで登山鉄道が通じている。そこまで登れば大分の高さに達する。その鉄道を利用して登って行くと、次第に附近のマッターホーン〔マッターホルン〕とか、ブライトホルンとか、マウント・ローザ〔モンテ・ローザ〕とかいったような高峰が、手に取るように見えてくる。

マウント・ローザは瑞西最高の高山である。しかしのっぺりとした雪の山で断崖がないために、それ程の高山のようには思われない。眺めとしてはなかなか美しい。

マッターホーンはアルプス中でも、これほど嶮峻《けんしゅん》な山は珍らしい。日本アルプスで言ってみれば、槍ヶ岳を一段と大きくした山とでもいえようか。頂上は烏帽子《えぼし》の形に似ている。

その頂上に至る中途に一個所、更にむっくり突起した山がある。その山の頂きまでは麓の村からでもごく手軽に登ることが出来る。私なども画布《カンバス》をさげて通ったものである。

その途中にまたホテルが立っている。池などもある。池のほとりで牛や羊が草を喰っているような長閑《のどか》な風景を見ることもできる。森林帯を抜け出てから、大分長

マッターホーン（原著は単色口絵）
その形状瑞西の槍ヶ岳とも呼ぶにふさわしい。

い地域にわたって草原が続いている。その草原は牧場の役割をつとめているのである。

その中途の山の頂きまで達する道の容子は、日本アルプスの殺生《せっしょう》小屋から槍の頂上へ登る程度と思えばよい。

ゴルネルグラット〔ゴルナーグラート〕登山鉄道が、このマッターホーンと向き合った反対の山を登っている。これもスイス人の意を用いたところで、登るよりも眺めることを主として設けた鉄道である。だからマッターホーンの全幅を窺《うかが》うには、この登山鉄道を利用するのが一番よいということになる。

最高峯まで登るには、容易ならぬ困難を必要とする。互いの軀《からだ》を綱で繋ぎ合って攀《よ》じて行くのである。今までにも幾人か犠牲者を出したほど嶮阻を極めている。雪の上を伝わって行くのである。

登山家の辿って登る積雪の部分と反対の側は、切り断ったような岩石の絶壁である。それは登るにも何も術《すべ》の施しようのない絶壁である。

頂上は高さからいっても随分高いので、登り尽してみても寒気凛烈で、とても長居はできない。

マッターホーンを背景にしたザルマット村の風色には、甚だ愛すべきものがある。草原が広々と展開していて、其処此処に高山植物が点々として花を開いている。高山植物とは言っても日本のとは種類が違うようである。

高山植物の花で最も知られているのは、エーデルワイズである。白色の綿状で星の形をしている。停車場へも村の娘などが束にしてこの花を売りに出ている。しかしそれとても買って貰うためにしつこく客に附纏《つきまと》うような醜態は見せない。

そうした点にまで瑞西人は客の好感ということを考えているらしい。だからそういう花売りの娘を見ても、スイートな懐しみに満ちた旅の風情を覚える。

エーデルワイズは素人が見つけるとなると、ちょっと見つけにくいが、そのほかにもさまざまの色の花が草原を色彩《いろど》っている。あまりの気持ちのよさに、私は人の入って行ってはいけない区域まで侵入して叱られたようなこともある。

湖水もそうだが、高原となると日本アルプスには更に少ない。だから朗らかな草原にいて、連峰を眺め見るといったような楽しみを味わう場所が殆どない。そういう意味で兎に角五色ヶ原などは珍重すべき場所ではなかろうかと考える。

ローン河を辿る

アルプスの山々を縫うて走っている鉄道の沿線には実にトンネルが多い。セント・ゴザード・トンネル、ループ・トンネル、シンプロン・トンネル等を始めとして、長短無数のトンネルを汽車は抜《ぬけ》て行く。

時に汽車から古風な寺院の尖塔などが眺められる。その尖塔が、トンネルを出る度ごとに、位置が変る。トンネルに入る前には右側に見えていたと思ったのが、トンネルを出ると、いつのまにか左側に来ている。

これを以《もっ》てみても、如何に鉄道が曲り曲って通じているかが分ろうというものである。

山の嶮阻《けんそ》な所は殆どトンネルである。だから汽車に乗っていると、山の嶮阻なところは殆ど見えず、従って風色優れたものも多くは見ることができない。

末はゼネバ湖に流れ込むローン〔ローヌ〕河に添うた谷間伝いに登って行く途中の風景は面白い。沿道の断崖の上に、各所に昔の城廓の跡の残っているのが興味深く眺められる。

ローンの氷河の直ぐ端にホテルがある。そのホテルからは室《へや》の窓からでも写生することができるので、そのホテルに滞在した。

氷河の方もなかなか特色あるもので、ホテルの直ぐ前が氷河の裾になっているのであるが、そこは氷が剣《つるぎ》を並べたような形に林立している。そして氷に穴があいていて、そこから氷河の解けた水が流れ出ている。

サンモーリズの湖水（原著は単色口絵）
湖畔の風色は静寂にして佳絶である。画聖セガンチニはここに生れてここに終ったのである。

少し俗ではあるが、その穴に人工を加えて、案内者が見物客をその穴の中へ連れて入ったりできるようになっているものもある。

その辺から更に少し上方へ登ると、アンダーマット〔アンデルマット〕村がある。その村には、岩の間に昔の砲台の跡などの残っている所がある。ローン河の沿道かけて、この辺一帯は仏伊戦争の古戦場なのである。

断崖と断崖とに挟まれて狭くなっている個所から、川の水が漏斗《じょうご》から落ちるように迸《ほとばし》っている様なども面白かった。そこに、そうした情景に適《ふさ》わしいような形をした橋が懸っていて、橋の上からの眺めも捨て難いものに思われた。

そこの滞在を終わった後に、そこから私はサンモーリズに向ったのであるが、サンモーリズまでの道中は至って平凡な感じであった。しかし事実は必ずしも平凡であったわけではなく、それまでに余りに多くの雄大な高山美に接してきたので、今ではもうちょっとした景色くらいには全く心を動かされなくなっていたからであった。

ローン氷河に近い山を越えて、メーリンゲンへ降りてくる街道は、いかにも高山の中の道らしい気分がして心を惹かれた。ここは徒歩でも行けるような、山越えの道としては非常に楽なよい道であった。

ユングフラウの西方にあたって、カンダステーグ〔カンデルシュテーク〕という谷間がある。其処には草原や滝や湖水や例の丸太作りの瑞西特有の人家が、それぞれいい位置に天然の妙手によって巧みに配合されている。そのために自ずと変化ある風景を作っているので、画家などが喜んで、画を描きに来る場所になっている。ホテルの設備も整っていた。

カンダステーグの谷から、グリーグ〔ブリーク〕へ通じるトンネルを出た所に、仏伊戦争の落武者が逃げ込んで出来たという部落がある。

絵を描く人なら、是非そこへ行ってみなければいけない、と宿屋の亭主がすすめるので、行って見た。成程宿屋ですすめるだけのことはあって、近代文明の波から置き忘れられたような、悠々たる村人の姿や景色は情趣に富んだものであった。

草原には二三頭の牛が草を喰《は》んでいる。時々頭を挙げてモーッと吠えたりする。その傍《そば》に牛の番をしている村の女の姿が見える。女は腰を下して毛糸を編んでいる。そして牛が草を喰むことに充分満足したらしいのを見ると、立ち上がって、牛を引いて、草原を横切って帰って行く。

実に長閑な別天地の思いがする。

人家の前には、大木をくり抜いて水を溜めて置く水槽《みずおけ》などが据えてある。そんなものも如何にも鄙《ひな》びた点景となっていた。

伊太利領の美観

アルプスも伊太利領の南面した湖水地方へ来ると、風景が大分違ってくる。

シンプロン・トンネルを出て少し行った所に、ストレッサ〔ストレーザ〕という所がある。そこに優れた湖水がある。周囲の山はやや遠いが、湖水を主にして眺めると、風景なかなか佳絶である。

湖水に三つほど島が浮かんでいる。

その島に別荘が建っている。何でもその一つはかつて獨逸《ドイツ》のカイゼルのものであったとかいう話である。が、それは兎に角その別荘が、その湖水に適わしい点景を成している。

純伊太利式の建物で、赤い屋根に白い壁といった明るい建て方である。その周囲には段々になった石垣の花壇が設けられている。花壇には珍奇な植物が花を咲かせているといったような眺めである。

湖畔の岩山の中腹には、サンタ・カテリーナ・デル・サッソというような寺院が建っている。

この辺へくると、山はあっても最早雪を戴いた山は見えない。

瑞西の山間で見た丸太作りの家とは全然趣も建て方も違った人家が並んでいるが、それ等の家々も、此処では、その湖水に適わしい明るい感じで、気持ちがいい。いずれも赤い屋根で、屋根には大抵低い煙突が立っている。

その庭に葡萄棚が作ってあったり、サイプラス〔イトスギ〕の木が繁っていたりしている。私はそのサイプラスの木が気に入って、絵にするに形のいい木を探して歩いたりしたこともあった。

またこの辺には、日本で見るのと同じ藤の花が開く。アーチにその藤を巻きつかせたりしているような家も見受けた。舟を雇って、湖水に遭ぎ出して、そこで頻りに画を描いていたら、遽《にわ》かに夕立がやってきて、濡れ鼠になったことなどもあった。

ヒマラヤ

印度平野に連なる大平原

ヒマラヤは、恰度九州の端から北海道の端までの長さくらいの連山である。幅も恰度日本内地の幅に略々《ほぼ》等しい。

だから太平洋と日本海との水を干し上げて、陸地を今よりも更に押し上げ高めたものがヒマラヤ山脈だと思えば間違いはない。

ヒマラヤの主脈の後ろ手に、もう一つトランス・ヒマラヤが附属している。パミール、チベット、カシミールといったような国々に跨《また》がって、印度《インド》平野に面している。その規模の素晴しく宏大なことはお話のほかで、世界の屋根と称されているのも至極尤《もっと》もである。私なども行ってみて、想像以上に大きなものであることに驚かされた一人である。

印度平野からヒマラヤの高山まで達するにも、驚くべき長い距離を行かなければならない。印度からヒマラヤへ差しかかって、それから三百何哩《まいる》という遠くまで行って、それでもまだ僅かに四百尺程しか高くなっていない。

其処を過ぎて初めて小山の連なった複雑した尾根になる。その尾根をまたかなり遥かな遠くまで行って、やっとシルグリイというヒマラヤの麓らしい所に辿り着く。しかもそこから肝心の山まではさらに四十五哩もあるというような有様である。

ヒマラヤの裏手はずっと高原になっているので、ヒマラヤを眺めるには印度側からが最も適当でもあるし、美しいわけでもある。

チベット側のチベット高原でさえも、高さは一万二三千尺もある。一万二三千尺といえば殆ど富士山の高さである。

高峰地方を外れた高原でさえそのくらいだから、高峰そのものの高さが如何に高いものであるかも推し量れよう。

だが、ヒマラヤ地方は暑さに悩まされる印度にとっては、一大避暑地として考えられている。従って幾つかの町が発達している。ダージリン、ムスリー、シムラ、カシミールのシュリナカ〔シュリーナガル〕といったような町がその例である。

シムラは印度の夏季の政治の中心とさえなる町である。だから学校病院というような設備に至る迄《まで》整っている。夏季には、暑さに悩む兵隊を、交替に此町《この》へ遊びに寄越したりする様なことまでやっている。

この町からは、勿論ヒマラヤ山脈が見えている。

しかし見えているだけの話で、まだまだ随分遠い。

日本アルプス登山の考えなどを以《もっ》てしては、到底想像もつかない。山脈が見えるからもう占めたものだ、なんて考えはヒマラヤでは通用しない。

嘗《かっ》てダージリンまでの鉄道を通じる際には、実に並々ならぬ困難を排して遂行したものだという。というのは途中一面の熱帯の叢林《ジャングル》だからである。現今もなおその一条の鉄道線路を除いて爾余《じょ》の地は尽《ことごと》く人跡未踏のジャングルである。象と虎と毒蛇の棲むジャングルである。下草深く生い繁った原始の儘《まま》の熱帯の大密林である。鉄道開通のいかに困難であったかは、恐らく想像に余りあるものであったろう。

ただヒマラヤへ達する目的だけのために通じられた鉄道である。他の何処へ支線を分かっているというのでもない。

ヒマラヤの眺望を味わうには登山鉄道が簡便である。自働車で行ってもよい。自働車の賃金も存外安い。二人以上で行くならば、登山鉄道の一二等車に依るよりは寧ろ安くつく。鉄道は狭軌道の至って粗末なものである。

順路はダージリンからである。他の地点から行くというようなわけには行かない。印度平野から遥かに眺めたヒマラヤの雄姿の感じは、他の国では経験することの全く不可能なものである。

第一他の国には、高山を前にした平地というようなものがない。瑞西《スイス》にはほとんど平地というものがないから、アルプスでは無論経験できない。ロッキーには高原はあるが、平地とはいわれない。従って印度平野からヒマラヤを遠望するような感じの場所はない。日本アルプスならば松本平から眺めるというわけであるが、遠望とはいっても印度平野からの遠望とはまるで程度が違う。それに山の規模が違うから比較のしようがない。印度平野からの眺めに較べれば、松本平から日本アルプスを望むのなどは、遠望の数にも入らない。

夜明けだとヒマラヤが朝日に照り映える。夕方なら夕陽に染め出される。その光線の具合がいいようもなく見事なのである。

鋸状のギザギザの連山である。それが尽《ことごと》く雪を冠っているのである。

しかもそれは汽車が幾つ駅を過ぎて行っても、依然として同じ姿なのである。近くも遠くもなった気しない。

山が背後《うしろ》へ向かって、順々に高くなっているので、山の上へ山が畳み重なっているように見えていて、他の国で連山を眺めるのとは大分容子が違う。

それに空気が鮮明だから遥か後方の山までもはっきり見える。

同時に、空気の鮮明なために、山が近く見える。しかし事実は非常な遠距離にある山なのだから、幾ら汽車が進んで行っても、一向山が近くなったような気がしない。

カルカッタを夜汽車で出発すると、夜明けと共にヒマラヤ連峰が見えてくる。かねて、汽車の進路のやや右手に、カンチェンジャンガ〔カンチェンジュンガ〕の頭が僅かばかり、朝日の光を映して見えてくるということを聞かされていたので、私は夜の明ける前から眼を醒まして待ち構えていた。それほどの情熱を、まだ見ぬヒマラヤに対して私は抱いていたのである。

麓のシルグリーから自動車乗るとジャングルの間を通過し、高山帯の森林へ差しかかり、闊葉樹《かつようじゅ》の森林から針葉樹の森林へと這入《はい》って行く。

登山鉄道の通じている沿線のうちで、一番高い位置にあたっているのはグムという町である。印度の熱気も最早此処まで来れば衰えざるを得ない。それはグムに成長している植物の種類を見ても一目瞭然である。日本で見るような梅や海棠《かいどう》のような温帯植物が目につくのである。

グムから今きた道を振返れば、果しもなく茫漠として印度の平原が拡っている。ベンガル湾へ注ぎ込むインダス河が、白く帯のように平野の上に曳かれているのも微《ほの》見《み》える。ヒマラヤのすぐ麓まで、僅かの傾斜さえ示していない真平らな平野である。

麓の町ダージリン

グムからやや降《くだ》りになって、そして間もなく達するのがダージリンである。グムより低いといっても、ダージリンは最早七千尺の高さを持っている。

ダージリンはヒマラヤの代表的都市である。此処でもグム同様温帯に属する植物が眼に触れる。日本で見ると同じ杉の類の並木なども植わっている。

私はダージリンでマウント・エベレスト・ホテルに泊まった。私の部屋は恰度《ちようど》ヒマラヤ山脈と真向かいになっていて、窓を開けば、長く続いた鋸状のギザギザ

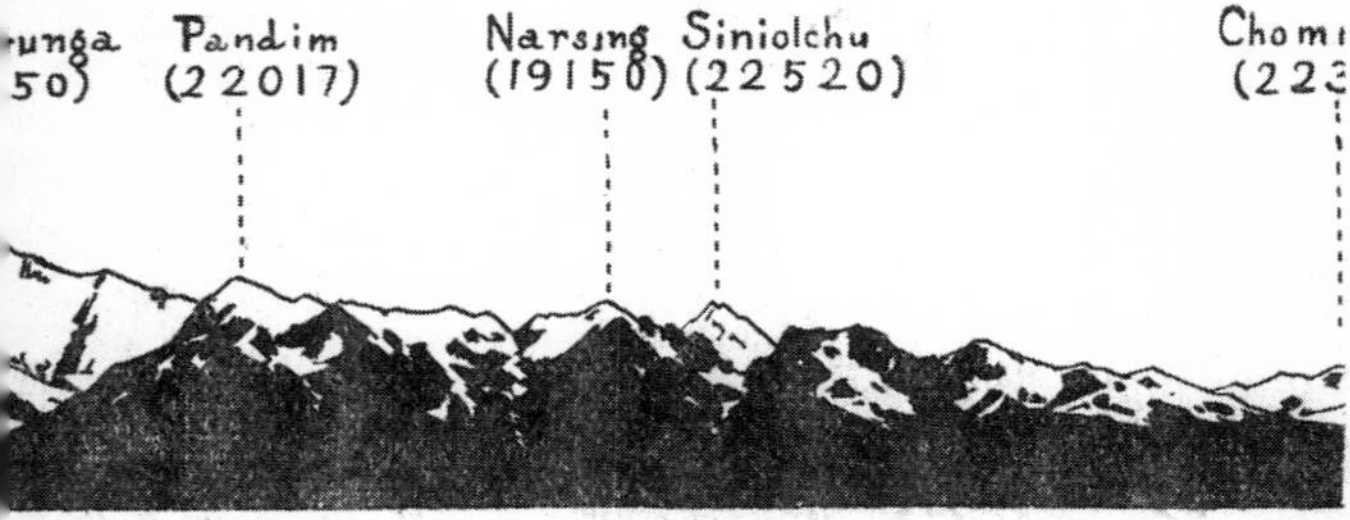

尖った山脈が眼の前にある。カンチャンジュンガを指摘することも容易であった。

私は高山の曙を愛するために、毎朝太陽の昇ってくるのを見ようとして、六時には寝床を離れた。

六時といえば遅いようだが、時は十二月のことで、太陽の昇るのが最も遅い季節であったから、その時刻からでないと、夜は明けかからないのであった。

夏季なら日本アルプスでも四時には起きて居たが、ヒマラヤでもその季節なら、勿論もっとに早く起きただろう。

雨は殆んど降らなかった。毎日大抵晴天続きであった。

雲も日本の山のように多くない。朝は殆んど一点の雲もなく晴れている。午後になって雲が出てくるようなことがあっても、夕方にはまたカラリと晴れ渡る。

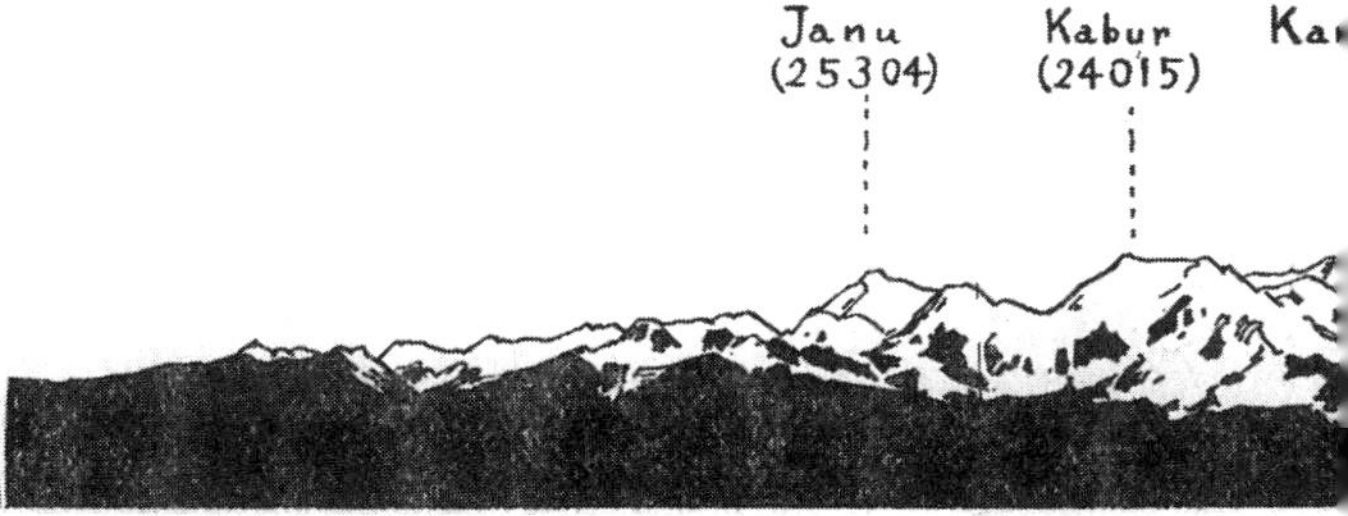

前にも述べたように空気が鮮明なために、事実は四十五哩の遠い彼方にあるカンチャンジュンガが、実際よりも遥かに近く見える。鋸状に峰のギザギザ出たりひっ込んだりしている山脈全体が、極めて間近に見えることも勿論である。

これも前に述べたことであるが、事実はその山脈は背後へ向かって順々に高い山が畳み重なっているのだが、うっかり見ていると、遠い山も近い山もほとんど同距離にあるかとさえ思われるくらいで、山脈の厚みに就いては、殆どそれがよく分からない。

謂《い》ってみれば、それだけ山脈の近くに来て見ても、それでもなお視覚に映じる感じには、印度平原からやって来る時に眺めた感じとひどく似たものがある。遠いようで近く、実在の距離の観念がはっきり摑めない、といったふうの感じである。

※184ページの展望図の右に続く。190～191ページに参考図

ホテルの窓を開けば、ヒマラヤの雄姿が一望のもとに収められるとはいうものの、しかしダージリンから直ちに山脈に向かって高まって行っているわけではない。

山脈はダージリンから谷を隔てて聳えているのである。もしも真直ぐダージリンから正面へ一直線に、山脈に向かって行くとすれば、先ず最初に低く谷を降りなければならない。降りた谷をまた登って、そしてまた降りて、また登るといった具合に、更にいくつもの谷が、山脈とダージリンとの間に落ちこんでいるのである。

カンチェンジャンガを始め、その他多くの高峰の高さが、ダージリンの石に刻み記してあった。それを控えてきたから、左に列記して、ヒマラヤ連峰の如何に高いものであるかを想像して頂くことにしよう。

※185ページの展望図の左に続く

オブゼベートリー・ヒル（七千百六十八尺）
カングラ〔カンラ・カン〕（一万八千三百尺）
ジャヌー（二万五千三百〇四尺）
カブール〔カブルー〕（二万四千二百尺）
カンチェンジャンガ（二万八千百五十尺）
パンディム（二万二千〇十尺）
ナルシン（一万九千百三十尺）
シニヨルチュウ（二万二千五百二十尺）
チョミウモ〔チョモユモ〕（二万二千三百尺）
タクチャム〔ラモアンダン〕（一万九千二百尺）

以上の諸高峰はいずれもダージリンからはっきり望み得るものばかりで、更に位置の関係上よく見えない高峰を数えれば非常な数に上るのである。

第一、二万九千二百尺の世界最高峰のエベレスト山が、左寄りの山に隠れて望み見ることが出来ないといったようなわけである。後方のトランス・ヒマラヤにも世界第二の高峰ゴドウィン・オーステン〔K2〕の如きが聳えているが、勿論それも見えない。その他ムスタフタワー〔ムズターグ・タワー〕、ブロードピーク、バルトロ等七千二百メートル以上の高峰の数は、およそ五十に及んでいる。

雪は略々《ほぼ》一万七千尺の高さあたりから積もっているらしい。

前に記した高峰の中で、シニヨルチュウ〔シニオルチュー〕という山は、世界第一の美峰の称がある。雪の懸り具合が素晴らしく見事なのである。断崖の岩石は全く雪に蔽われていて、露出した個所は少ない。その雪の上にはまた上から雪の滑り落ちた皺が現われていて、縞模様のような線状を描いている。まことに世界第一の美峰たるの名を恥かしめない見事な山であった。

ヒマラヤとは「雪の庫」という意味だそうである。熱帯印度を前に、こういう大高山があるのだから、実際印度からいえば「雪の庫」の観があるだろう。

言葉の意味を挙げた序《つい》でにもう一つ記せば、ダージリンは「金剛宝土」の意だそうである。

ここでもう一度ダージリンに話を戻すと、これは尾根の上に立っている町なので、従って土地の起伏が極めて多い。

　ダージリンのもう一つの特徴は人種の多いことである。周囲の、チベット、シッキム、ブータン、ネパール、カシミールといったような、高原地方の人間が大勢入りこんでいる。見るからに頑健そうなチベット人、胸幅の著しく広いシッキム人、

世界一の美峯シニヨルチュー（原著は単色口絵）

そうした人間を見ていると、彼らがいかにも嶮峻な高原地方に生れた人種であることが頷《うなず》かれる。シッキム人の胸幅の広いのは、元来彼らは空気の希薄な高山帯に住んでいるので、自ずから充分に息の吸えるように、そうした胸幅を天然に授けられているのであろう。

こうした人種以外に、印度人はいうまでもなく、印度平原からやって来た種々雑多な人種が集まっている。白人のいるのも無論のことである。

だから市場に行って見ると余程面白い。こうした種々雑多な人種が、それぞれ素質を異にした体格、容貌、服装を以って群《むらが》っているのだから、その複雑さといったらない。私はその市場の変った容子を、画題にしてみようかなどと思ったこともある程である。

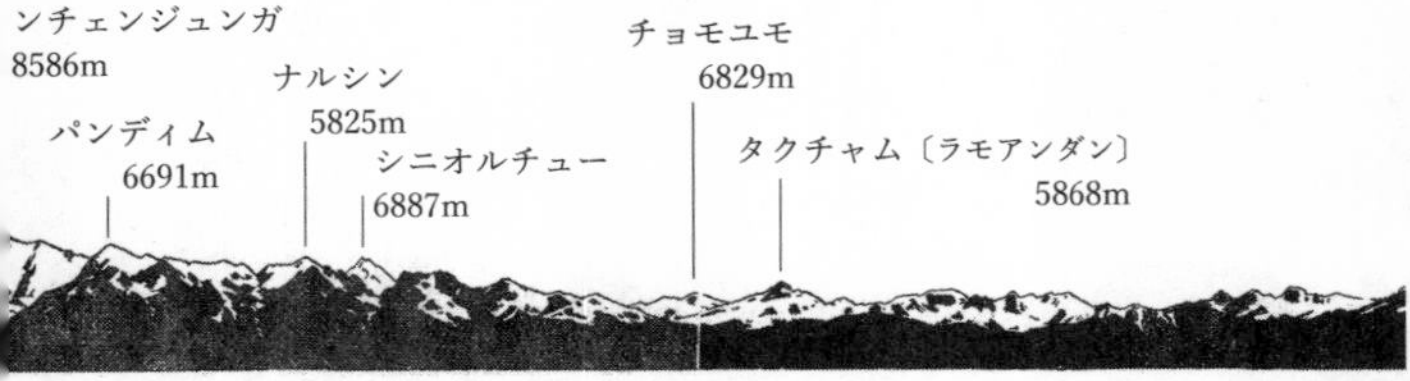

冬のヒマラヤ（原著は単色口絵）
右方に見えるのは世界の最高峰エバレスト

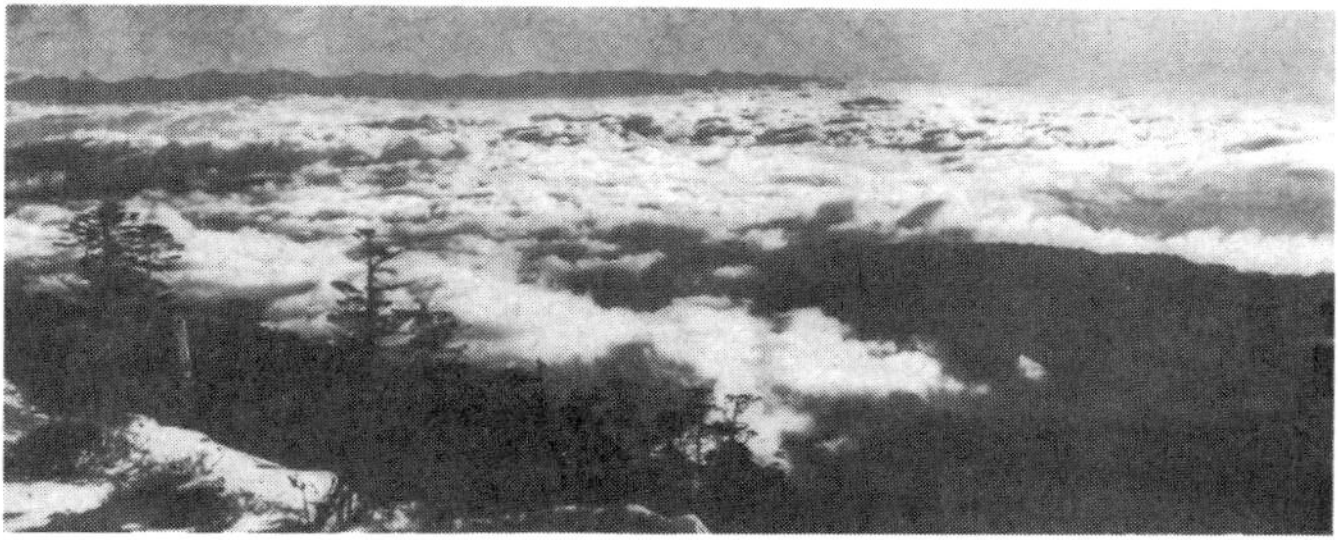

ヒマラヤの雲の海（原著は単色口絵）

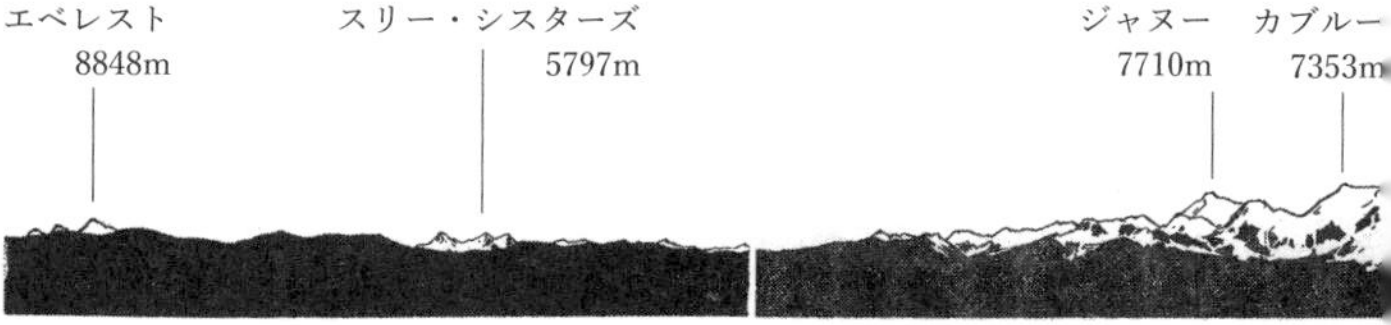

※参考図　184～187ページの展望図

カンチェンジャンガの曙

タイガー・ヒルはダージリンから一千尺高くなる。そしてカンチェンジャンガの美観を喫しようとする人は、是非ともこのタイガー・ヒルへ出かけるのである。それも夜明けの昇天の際のカンチェンジャンガを見るためなので、普通の客は夜中の三時頃にダージリンを出発する。乗り物は馬か駕籠《かご》で、自働車は通れない。

駕籠は苦力《クーリー》が引っ張って行く。一種の日本の人力車のようなもので、一台に苦力が五人ぐらいつき従う。なにしろ真暗な山道を行くのだから、無気味である。その弱味につけこんで、しばしば苦力が客に酒代《さかて》を強請して威嚇するというような話も聞かされる。苦力には多く付近の高原帯の人種がなっているようであるが、私の駕籠を引っ張って行った苦力の中には、支那人も一人混じっていた。

夜中に出かけるのは、その日帰りの客である。私は画を描くのが目的であるから、午後から出かけた。

道は最初ダージリンの尾根伝いに進む。それから次第に嶮《けわ》しい淋しい山道になってきて、森林帯へ這入《はい》る。

高山ではあっても、樹木は熱帯の気を帯びていて、日本のとは大分趣が違う。オリーブ色の猿おがせに似たものが一面に密林の間に懸っている。風が吹くとそれが吹き靡《なび》いて、気持ちは余りよくない。森林の地上は一面のジャングルで、下草が深く生い繁っている。とても人の踏込める場所ではない。

森林の間から、稀に見晴らしのいい所へも出る。

森林を抜けると草原帯になる。

タイガー・ヒルにはバンガローが二棟立っている。日帰りでないとすれば、そこへ泊まるのである。そして其処へ泊まろうとするものは予《あらかじ》めダージリンでその許可証のようなものを貰って行く。それをバンガローの番人に見せて、泊めて貰うのである。

しかし食糧や炊事道具や寝具類は、ダージリンから持って行かなければならない。そのために料理人《クック》もホテルから連れて行く必要がある。

我々の伴ったボーイは白い馬に跨って、私の駕籠について行った。

荷物は荷物だけ運ぶための、違う道から送られていった。

タイガー・ヒルはなかなか寒い。熱帯性の高山植物などが生えている。

バンガローの泊り具合は思ったよりもよかった。

未明、バンガローを出ると、足を踏む度にザクザク音がする。はじめは何の音だか分らなかったが、手でそッと撫でてみると、一面の霜柱であった。其処は高さこそ約八千尺程もあるが、兎も角熱帯印度のすぐ傍《そば》なのだから、まさか霜柱が立っていようとは予期しなかった。が、時には雪の降ることもあるそうである。

バンガローから二三町行くと、タイガー・ヒルの頂上である。そこに物見台がある。そして既にもう幾人か夜明けのカンチェンジャンガを見るための客が来て待っている。朝の冷気にみんなガタガタ顫《ふる》えている。

タイガー・ヒルに立つと、恰度太陽の昇って来ようという東の方は、ヒマラヤ山脈の低い部分になっている。其処から見える東方の山々には、乾燥期には殆ど雪がない。

そして山が次第に低くなっているから、遠く遥かな無限の彼方の水平線上から太陽がせり出してくるのが見える。

太陽の昇ってくると反対の側は、峻烈な高山の連なりである。そして直ぐそこにカンチェンジャンガの高峰が峻《そび》えているのであった。

カンチェンジャンガの勇姿（原著は単色口絵）

カンチェンジャンガの左方遥かに遠く小さく、エベレストが見えている。

遂に太陽は昇りかけた。

その光の流れがまず最初にエベレストに投げられる。鮮明限りない紅《あか》い色である。画家の方でいうと、ピンク・マダーという色である。

と思ううちに、その紅《あか》は忽《たちま》ち拡《ひろが》って行って、カンチェンジャンガを蔽うた雪の総てが染め出される。真赤な雪となる。それが直ぐオレンジ色に変る。オレンジが褪せて、黄色に移る。黄色が全く抜けてしまうと、皚々《がいがい》として真白い本当の雪の色となって、我々の前に静止している。

雪が最初紅く染め出される時、カンチェンジャンガの雪の間の森や露出した岩石は、天鵞絨《びろうど》のような紫色を帯びる。そして雪の色が変化して行くと同時に、その紫から次第に紅味が抜けて行って、ついに雪が真白なその本当の姿に返ると共に、森も岩もまたそれ自身の色になって現われる。

だが、雪が自然の白色になるまでは、太陽はまだ水平線下にあるのである。その姿は見せずに光の流れだけを投げるのである。だから当然我々の足もとはまだ暗い。空は青ずんだ鼠色である。

ただ目の前の高山だけが、水平線下から放つ太陽の光を反映しているのである。カンチェンジャンガの雪が全く白色となった時、初めて太陽は遠い水平線上に現われる。そして昼がくるのである。

エベレストの頂きがポッチリ赤い斑点のようになって、その色がカンチェンジャンガに拡って、すっかり白い雪の色になるまでには、およそ十分間もかかるような気がする。

昼の光がくると、ダージリンの町の家が、針で突いたように小さく点々として現われる。同じく町の斜面に段々になって拡っている茶畑や杉の並木を指摘することもできる。そして其処から遥かに、尾根や森林を縫うて、苦力に駕籠を曳かせて登って来た道筋も眺められる。

山々に積った雪には、自ずと日向日蔭ができる。ある距離を置いて眺めるために、その雪の白い色彩が絵の具では出せないようないい感じである。それは空気の鮮明なためもあるらしい。日蔭は落ち着いたコバルト色を帯びて、日向とくっきりと色の対照を作っている。

カンチェンジャンガの前方の蔭ばみになった小山の裾のコバルト色。柔いあの色も私には忘れられない。

よく帯のような細長い横雲が、連山の恰度雪線のやや下方に棚曳く。そういう雲が出るのは晴天の証拠である。

綿をちぎったような雲が山の上に湧き上ることもある。時には雲が拡って、山々尽《ことごと》くを覆い隠してしまうようなこともある。

が、殆ど大抵天気続きであるから、多くは今いった帯のような横雲が懸るだけである。どうかすると午後の一時二時頃に、一時的にその雲が大きくなったりすることもある。

そうした雲も、夕方が近づくに従って、次第に少なくなって行って、遂には全く消え失せてしまう。

その点晴天の日の雲の変化は日本アルプスなどとも似ている。雲が次第に晴れて行く時の様にも、非常な興味を感じる場合がある。雲の切目から、今までその雲に隠されていた山の雪の肌が露われてくる瞬間などには、それこそ高山美の魅力が心に浸み通るようである。

やがて雲が黄ばんだ輝きを帯びてくる。それは日没の光に反映するからである。ヒマラヤの夕陽である。

日は再び遠く遥かな水平線に帰って行く。

再びカンチェンジャンガの雪の色が変化する。今度は朝日の時の変化の順序の逆に、白い色が黄色《おうしよく》を帯び、それがオレンジに変わって、紅《べに》に移る。

雪も雲も夕陽の光に燃え輝く。

そして遠い西の水平線の色。そこに日が落ちるのである。

印度に起こった仏教の信徒は、西方浄土という言葉を口にする。そう——あの日没の遠い水平線を見れば、我々にしてもまた赤金《しやくきん》に輝き渡る西方浄土が彼方にあるという、一つの美的幻想に捉われもしようではないか。

夕陽の色は刻々に強烈になる。やがて一段と強く赤々と燃え輝くかと見れば、それは日没の最後の瞬間である。

陽はついに没する。と、雲と山とを染め出していた強い色は、寧《むし》ろ唐突なくらいプスリと消えてしまう。

かくしてヒマラヤの夜はくる。

美しく晴れ渡った夜の星空。

熱帯に近い高山の上だから、星は大きく明るく光り輝く。赤熱《しやくねつ》しているかと思われるような星。青く澄み切ったような光を放つ星。――

星明かりに、山々の雪は厳然として亡霊のように白い。その青白さは、ヒマラヤの夜の山々の眠りの色ではなかろうか。

〔解説〕光と音の山岳画家・吉田　博

大森久雄

本書『高山の美を語る』の元版は一九三一年刊行。はじめに本書と元版との収録画の違いを説明しておく。元版での口絵収録画はカラー八点、モノクローム一二点。しかし本書では、ヨセミテの「エル・キャピタン」、スイスの「ユングフラウ」のように元版では本文挿入のモノクローム写真だが、木版画のとおりカラー扱いにしたものがある。「日本アルプス十二題」も全点カラー図版で収録され、本文挿画を含め新しく公開された原画など、新版と言える内容になっている。

今回ヤマケイ文庫編集担当の米山芳樹さんから、企画の相談、というよりも内容組み立て決定後の依頼でこの「解説」を書くことになったが、吉田博の生涯の履歴（活動記録）や画家（油彩・水彩・木版）の面は別項「略年譜」、展覧会図録や参考資料にくわしいので、博にとって大きな比重を占める山の画家という面に主体をおくことにする。

吉田博は、登山と絵は生活から切り離すことはできない、画家だから美の対象として山を観る、と本書冒頭で断っているが、それは山の美に反応する絵描き・木版画家としての覚悟の宣言でもあった。博にとっては、高山・展望・裾野・断崖・高原・山巓……山でのすべてが「美」なのである。数少ない著作の一つを山でまとめた、というところに博の山への傾倒が表われている。

＊

自然風景は長く山水と呼ばれた。それはやがて風景という言葉に変わり、山水画は風景画になる。北斎、広重の描く山の姿は、麓や遠方から仰ぎ見る、という構図だが、それが風景画として発展すると、描き手は山の中に入り込んで、という形に変わってくる。それは西欧絵画でも同じで、ダ・ヴィンチの例の「モナ・リザ」でも山は背景の一部。山が主体となって描かれるようになるのは一八世紀以降で、セガンティーニやホドラーが登場するのは一九世紀になってからである。一方、山水画の伝統がある日本で、山が絵画の主題として大きく現れるのは、谷文晁『名山圖譜』（一八〇四）とその普及版『日本名山圖會』によってであろう。それを思えば、谷文晁や高島北海は、優れた先人と言える。いま、絵画と山との関係に深入りする余裕はないが、おおざっぱに振り返ると、まずは高島北海。

画才に恵まれていた高島北海（本名／得三・一八五〇―一九三一）は、工部省の技官で、兵庫県生野銀山でフランス人技師から地質学やフランス語を学び、フランスのナンシー農林学校に留学、そこで絵画の新流派アール・ヌーボーと接触する（それを題材にしたのが高樹のぶ子の小説『ＨＯＫＫＡＩ』）。アルプスやスコットランド、ピレネーを訪れてその風景を描いた。帰国後、一八九三年、『欧洲山水奇勝』を発表する。西欧の山水を主題とした日本人による最初の画集である。さらに、志賀重昂《しげたか》『日本風景論』（一八九四）、小島烏水『日本山水論』（一九〇五）、同『山水無盡藏』（一九〇六）が出版されて、山水から風景へと意識が変わってゆく。

北海に続いたのが吉田博で、アルプスの山々に足跡を残した加賀正太郎（一九一〇）、辻村伊助（一九一四）よりも早い一九〇六年にスイスの山々と対面している。登山が目的だった正太郎や伊助とは違っていたが、博は早くもアルプスやヨセミテに、山水画ではなく近代風景画としての美を発見していたのである。

＊

博は、槍・穂高・黒部・立山など北アルプスを幅広く歩いたが、その案内を、本書で触れているように上條《かみじょう》嘉門次《かもんじ》（一八四七―一九一八）、遠山品衛門（一八五一―一九二〇）、小林喜作（一八七五―一九二三）に依頼していた。三人とも、この長大な山脈の登山史を代表する山人《さんじん》で、本職は猟師。熊、羚羊《かもしか》、岩魚《いわな》をとって生活していた。山を歩くときは一切を主人と共有し、頼む側も冠《かんむり》松次郎が越中の山人・宇治長次郎ほかを「山の人」と呼んで敬愛したように、博もまた、前記三人を「山の先輩」として遇していた。

アルプス山人の筆頭は嘉門次。年間を通して上高地明神池畔に定住、上高地周辺や北アルプス南部に精通し、当時の登山者から大きな信頼を受け、ウェストンの山行の大きな援護者だった。「神河内ならぬ〈上高地〉は不快なところ」と言っていた開拓期の登山家・辻村伊助は、嘉門次の没後、上高地を訪れようとはしなかった（辻村伊助『ハイランド』所収「嘉門治を憶う」）。嘉門次は岩魚を買いにきた登山者に、秤《はかり》がないから売れない、と断った。理由は、目分量で売って数が少なければ旦那の損、多ければおれの損だから、というものだった、という話が、前記辻村伊助の嘉門次追悼に載っている。

品衛門は、信州大町の出身。黒部川の精通者で、いまはダム湖になっている中流の平《たいら》に岩魚釣りの小屋を持っていた。山の案内はあまりしなかったと言われる。

喜作は安曇野の牧出身。気性もさっぱりとして好かれたという。山を歩く勘はめっぽうよくて、案内人としての能力にたけていた。黒部川十字峡に落ち込む棒小屋沢で雪崩に埋まって亡くなった。それが三月。同じ年の一月には、立山松尾峠で開拓期の優れた登山家・板倉勝宣《かつのぶ》が吹雪の中で疲労凍死した。その勝宣と喜作は、前年七月、槍ヶ岳北鎌尾根を登るというパイオニア活動をしていた。

吉田博が北アルプスを登り続けていたのは、こういう時代だった。

喜作の葬儀には博も参列したようで、東京　吉田博　香典金参円　という記録が残っている（山本茂美『喜作新道　ある北アルプス哀史』）。本書口絵「猟師の話」にはまったく同じ構図で人物の顔が違う油彩画があり、それには、棒小屋沢雪崩の生き残り「庄吉」と題されている。「猟師の話」の人物も庄吉（姓は大井）だと博は語っていたそうだが、小林喜作を想定して描いたものらしい。同じく口絵にある「日本アルプス十二題・針木雪渓」の下から二人目は小林喜作だと、博が言ったという証言がある（いずれも吉田博の孫・司氏による）。

大天井岳から槍ヶ岳に通じる東鎌尾根の道は喜作が拓《ひら》いたもので、いまはアルプス銀座コースという品のない名前で呼ばれているが、以前は喜作新道と言った。命名者は吉田博である（本書「富貴の湯夜話」）。

余談だが、嘉門次、喜作の後を継ぐのが内野常次郎《うちのつねじろう》。通称常《つね》さ（または常さん）。無類の好人物で、酒も山も人並み以上だった。山が好きだった秩父宮が上高地を訪れたとき、常さが案内役。その途中、妃殿下に、おかみさん、と呼びかけて侍従をはじめ周辺の人が凍りついてしまった。しかし、秩父宮が、それでかまわない、と言ったことで全員安堵。常さんには何がどうなのか、わからなかった、というエピソードがある。嘉門次の秤の一件とともに、俗世間とは違う世界に生きる山人を物語る情景で、博は、山人のそういう面に愛着を持っていたのであろうか。

＊

吉田博の絵画・木版画は、描写が細緻で鮮明。空気の質感までリズム豊かに描かれる。風雨の後の山頂からの眺め、朝日夕日の光の変化……「日本アルプス十二題」の画面からは、陽光に変化する雲、迸《ほとばし》る渓流の水音、山小屋の炉に燃える榾《ほだ》火《び》のぱちぱちいう音、焚火を囲む男達の朗らかな話声など、光があふれ、豊かな音が聞こえてくる。光と音の画家、という所以である。風景の中の人物群像も躍動している。それが吉田博の作品の特徴である。

その作品は世界でも評価が高く、パリで事故死したイギリス王室のダイアナ妃の執務室での写真があるが、その背後の壁にかかるふたつの絵は吉田博の作品。私の知り合いのイギリス人Martin Hoodさん（深田久弥『日本百名山』英訳者）も、自宅リビングに博の作品を飾っているという。欧米の美術館には博の作品を持つところがある。その木版画は、博の自摺《じずり》によるほか、博が絵師で、彫師《ほりし》と摺師《すりし》に練達の職人を得て、博自身も積極的に参加、秀逸な仕上がりになっている。

博の作品は写実主義だから、場所も特定できる。「日本アルプス十二題」のそれぞれで、描写地点を同定する楽しみがある。口絵にあるスイス・ブライトホルンなら、左端のピークから下に流れ落ちる岩尾根は「ヤング尾根」と指定できる、といった具合。

＊

その絵画活動は早くから知られていて、夏目漱石の当時の新聞連載小説『三四郎』には、「長い間外国を旅行して歩いた兄妹の画」を三四郎が見に行く場面がある。また、日本山岳会の誕生から四年後の一九〇九年、山岳会の第二回大会の出席者に会員外として吉田博の名がある。スイスを描いた絵画一八点を出品展示、好評だったとあり（『日本山岳会『山岳』第四年第二号・明治四十二年五月刊）、その後の山岳会大会にも複数回、作品を提供している。また、本書冒頭の「高山美の感得」に、ドントという外国人、とあるが、これはドーント H. E. Daunt のことであろう。当時神戸在住の山好きなイギリス人。こういう知り合いを持っていたのだし、一九三六年には、足立源一郎、丸山晩霞、茨木猪之吉など代表的山岳画家と日本山岳画協会を立ち上げているのだから、その周辺には当時の登山界の知名人の影があまり見られないとはいうものの、山の世界とは細いながら交流はあったと言えるだろう。さらに、それらの画家たちとは比較にならない頻度で現在でも展覧会がひらかれるのだから、忘れられることのない、活発な山の画家と言える。

本書「日本アルプスの縦走」記載のように北アルプスの多くのピークに登っているし、ほかに登った山も列記されているが、それから判断すると、「深田百名山」の半数以上を経験している立派な登山歴の持ち主である。その絵画作品は、山だけにとどまらず、人物、町、建物、海、船など多岐にわたり、山岳画家と規定するのは適当ではないといえるが、今回の文庫化によって伝統木版画家吉田博の山の部分が甦ったのは、山の文芸の面からもよろこばしい。（編集者）

主な参考資料

『生誕140年吉田博展』（毎日新聞社・二〇一六―二〇一七）
『吉田博全木版画集』（阿部出版・一九八七）
〔展覧会図録は展覧会の数だけある、ともいえるから膨大になるが、前者は傑出した内容で、この二点は手元におきたい。〕
安永幸一『山と水の画家　吉田博』（弦書房・二〇〇九）
吉田博　版画　白籏史朗　文・写真『山の絵本』（講談社・一九八一）
『吉田博画文集』（東京美術・二〇一七）
佐藤貢『アルプスの主　嘉門次』（朝日新聞社・一九六三）
山本茂美『喜作新道　ある北アルプス哀史』（朝日新聞社・一九七一）
安川茂雄『日本アルプス山人伝』（あかね書房・一九七一）
『山岳』第百十二年・通巻一七〇号（日本山岳会・二〇一七年）
ほかに「山と溪谷」、「岳人」、「太陽別冊・一〇三」などがあるが、雑誌・図録類は数が多いので割愛した。

吉田博略年譜（一八七六～一九五〇）

「吉田博　年譜」（『生誕１４０年　吉田博展』毎日新聞社、二〇一六・一七年）を元に、山岳をテーマとした作品発表を中心として再構成した。


一八七六（明治九）年　九月十九日、旧久留米藩士上田束秀之の次男として現在の久留米市篠山町に生まれる。

一八七九（明治十二）年　三歳　久留米師範教諭だった父の退職に伴い福岡県浮羽郡吉井町に移る。

一八八七（明治二十）年　十一歳　甘木小学校長だった父の退職に伴い福岡市に移る。

一八九〇（明治二十三）年　十四歳　中学修猷館（現修猷館高等学校）に入学。

一八九一（明治二十四）年　十五歳　中学修猷館図画教師・吉田嘉三郎に画才を見込まれ養子となる。

一八九三（明治二十六）年　十七歳　嘉三郎の先師田村宗立の明治画学館に入門する。

一八九四（明治二十七）年　十八歳　上京し、小山正太郎主宰の不同舎に入門。明治美術会会員となる。

一八九五（明治二十八）年　十九歳　群馬県沼田付近で写生中、丸山晩霞と出会う。

一八九八（明治三十一）年　二十二歳　明治美術会十周年記念展に「山家の春」ほか五点を出品。夏、丸山晩霞とともに二ヶ月にわたる北アルプス写生旅行。

一八九九（明治三十二）年　二十三歳　中川八郎とともに片道切符だけのアメリカ旅行を決行。デトロイト美術館で二人の水彩画の特別展が開催され大成功となる。

一九〇〇（明治三十三）年　二十四歳　ボストン美術館、ワシントン、プロヴィデンスで二人展が成功を収め、ヨーロッパ渡航費を得る。四月、パリ万国博覧会で褒状を受賞。五月、ロンド

ンへ渡航。パリ、ドイツ、スイス、イタリアを歴訪。九月、不同舎の盟友・満谷国四郎、
河合新蔵、鹿子木孟郎、丸山晩霞の渡米の報に接しアメリカへ。十二月から翌年にかけて、
ボストンやワシントンで六人展を開催、大成功を収める。

一九〇一（明治三十四）年　二十五歳　七月、帰国。明治美術会の新会務委員（中川八郎、丸山晩夏、
大下藤次郎ほか十三人）に選出される。

一九〇二（明治三十五）年　二十六歳　明治美術会を「太平洋画会」と改める。

一九〇三（明治三十六）年　二十七歳　十二月、義妹吉田ふじをと二回目の渡米。

一九〇四（明治三十七）年　二十八歳　二月から翌年にかけて、ボストン、ニューヨークなどで十数
回の兄妹二人展を開催。五月、セントルイス万国博覧会に出品した作品が銅賞を受ける。

一九〇六（明治三十九）年　三十歳　五月、ヨーロッパへ。八月、ルツェルン、グリンデルワルト、
ツェルマット、シャモニなどヨーロッパ・アルプスを巡る。イタリア、スペインを経て、
十二月、エジプトに渡る。

一九〇七（明治四十）年　三十一歳　二月、帰国。三月、東京府勧業博覧会で審査官の人選や授賞の
是非をめぐり白馬会派と対立。四月、吉田ふじをと結婚。十月、第一回文展、「新月」が
三等賞を受賞。

一九〇八（明治四十一）年　三十二歳　八月下旬、丸山晩霞と白山、立山登山。第二回文展に「峡谷」
などを出品。「雨後の夕」が二等賞受賞。

一九〇九（明治四十二）年　三十三歳　第三回文展に「雲表」などを出品。「千古の雪」が二等賞受賞。

一九一〇（明治四十三）年　三十四歳　第四回文展の審査員に任命される。文展に「雲界」「渓流」「劔ヶ峰より」を出品。

一九一一（明治四十四）年　三十五歳　七月、長男遠志が生まれる。

一九一三（大正二）年　三十七歳　三月、「国民美術協会」創立にあたって、黒田清輝が会頭に選出されたことに憤激し、同会を脱退。

一九一四（大正三）年　三十八歳　夏、富士山八合目滞在。以後、毎夏、日本アルプスなどへ写生登山。

一九一五（大正四）年　三十九歳　第九回文展に「穂高山」ほかを出品。

一九一六（大正五）年　四十歳　太平洋画会展に出品した「穂高山」が宮内省御用品となる。九月、信州へ登山旅行。第十回文展に「山頂の花崗岩」ほかを出品。

一九一七（大正六）年　四十一歳　日本美術学院記念展に「穂高山」を出品。

一九一八（大正七）年　四十二歳　第十二回文展に「澗聲」「劔山」を出品。

一九二〇（大正九）年　四十四歳　渡邊版画店・渡邊庄三郎を知り、「明治神宮の神苑」を初めて版画化。

一九二一（大正十）年　四十五歳　渡邊版画店から最初の本格的木版画「牧場の午後」、続いて木版画「穂高山」「帆船　朝日」「帆船　日中」「帆船　夕日」を出版。夏、槍ヶ岳縦走写生旅行（二十日間）。第三回帝展に「鹿島槍ヶ嶽野営の朝」ほかを出品。

一九二二（大正十一）年　四十六歳　渡邊版画店から木版画「猟師の話」「馬返し」を出版。平和記念東京博覧会に「高山の麗」を出品。第四回帝展に「六甲山より」「雲海に入る日」を出品。

一九二三（大正十二）年　四十七歳　大隈老侯記念美術展覧会に「白馬の大池」を出品。九月、関東

大震災で、渡邊版画店出版の版木と木版画を全て焼失。十二月、ふじを夫人と渡米。

一九二四（大正十三）年　四十八歳　三月から翌年一月にかけて、アメリカで太平洋画会員の作品と渡邊版木版画による展覧会を巡回開催。第二十回太平洋画会展に「薬師岳山頂より」「黒部川」「山中野営」などを出品。大阪市美術協会展に「山中野営」を出品。第五回帝展に「マウントシヤスター」「グランドキヤニオン」を出品。

一九二五（大正十四）年　四十九歳　第二十一回太平洋画会展に外遊先から「クレーターレーキ」「ヨセミテ谷」「レニヤ山」「フッド山の氷河」を出品。八月、帰国。第六回帝展に「ロッキー山」「ユングフラウ山」を出品。この年から初めて自身の監修による木版画『米国の部』六点と『欧州の部』十一点を発表。

一九二六（大正十五）年　五十歳　九月、次男穂高生まれる。木版画『日本アルプス十二題』の全十二点、『富士拾景』のうち三点を合む四十一点を制作発表。

一九二七（昭和二）年　五十一歳　第八回帝展に「上高地の春」、木版画「帆船（朝・午前・霧・夜）」を出品。

一九二八（昭和三）年　五十二歳　第九回帝展に「白馬鎗」を出品。木版画『日本南アルプス集』全六点、『富士拾景』の残り七点ほかを制作発表。

一九二九（昭和四）年　五十三歳　第二十五回太平洋画会展に「白馬山」ほかを出品。

一九三〇（昭和五）年　五十四歳　八月、日本アルプス登山。十一月、長男遠志とインド・東南アジアの旅へ（翌年二月帰国）。

一九三一（昭和六）年　五十五歳　六月、『高山の美を語る』（実業之日本社）を出版。第十二回帝展に「ヒマラヤの初光」を出品。木版画「カンチェンジュンガ」三作品を含む『東南アジア・インドの部』二十一点を制作発表。

一九三二（昭和七）年　五十六歳　第十三回帝展に「劒山」を出品。木版画『東南アジア・インドの部』十一点（完結）を制作発表。

一九三六（昭和十一）年　六十歳　中村清太郎、足立源一郎、石井鶴三、茨木猪之吉らと「日本山岳画協会」を結成。文展招待展に「奔流」を出品。

一九三八（昭和十三）年　六十二歳　九月、陸軍省嘱託従軍画家として中国に派遣される。第三十四回太平洋画会展に「山上湖」ほかを出品。第二回新文展に「三千米」を出品。

一九三九（昭和十四）年　六十三歳　従軍画家として中国に派遣。第三回新文展に「山雨来」を出品。

一九四〇（昭和十五）年　六十四歳　従軍画家として中国に派遣。第三十六回太平洋画会展に「白樺」「上高地」「穂高山」を出品。

一九四四（昭和十九）年　六十八歳　文部省戦時特別美術展に「溶鉱炉」を出品。

一九四六（昭和二十一）年　七十歳　最後の木版画「農家」を制作発表。

一九四七（昭和二十二）年　七十一歳　太平洋画会の会長となる。第三回日展の審査員を務め、「初秋」（絶筆）を出品する。

一九四九（昭和二十四）年　七十三歳　十月、伊豆、長岡に写生旅行。この時病をえて急ぎ帰京する。

一九五〇（昭和二十五）年　七十三歳　四月五日、新宿区下落合の自宅にて永眠。享年七十三。

付記

■『高山の美を語る』（一九三一年・実業之日本社刊）を底本とし、「日本アルプス十二題」の十二点と「猟師の話」を文庫版口絵として加えました。原著所収の作品のうち所蔵先が明らかな現存作品は口絵と本文挿画に収めました。

■次の内容で表記を改めました。

・旧漢字、旧仮名遣いは、常用漢字表に掲げられている漢字を新字体に、平仮名を新仮名遣いに改める。

・右記以外の漢字を別の漢字や平仮名に替えること、平仮名を漢字に替えることはしない。異体字は原著のままとする。

・送り仮名は原文通りとする。

・原著は漢字全てに振仮名を付してあるが、難読と思われる漢字、現在一般的ではない読み方のみ振仮名を残す。振仮名は原文を尊重する。

・明らかな誤植は訂正する。地名などは、現在一般的な表記を〔〕内に註として付す。

■今日の人権意識に照らして考えた場合、不適切と思われる語句や表現がありますが、本著作の時代背景とその価値に鑑み、原文のままとしました。

編集部

高山の美を語る

二〇二一年八月一日　初版第一刷発行

著　者　吉田　博

発行人　川崎深雪
発行所　株式会社　山と溪谷社
郵便番号　一〇一－〇〇五一
東京都千代田区神田神保町一丁目一〇五番地
https://www.yamakei.co.jp/

■乱丁・落丁のお問合せ先
山と溪谷社自動応答サービス　電話〇三－六八三七－五〇一八
受付時間／十時～十二時、十三時～十七時三十分（土日、祝日を除く）
■内容に関するお問合せ先
山と溪谷社　電話〇三－六七四四－一九〇〇（代表）
■書店・取次様からのお問合せ先
山と溪谷社受注センター　電話〇三－六七四四－一九一九
ファクス〇三－六七四四－一九二七

印刷・製本　株式会社暁印刷

定価はカバーに表示してあります
Printed in Japan ISBN978-4-635-04927-6